邁向亞洲之虎

林信州 ——————————————— 主編

許文志、林信州、李建宏、許純碩
許淑婷、張李曉娟、許淑敏 ——————— 著

越南

五南圖書出版公司 印行

序

　　越南自 1986 年改革開放後，經濟體制開始接軌國際，1987 年頒布《外國投資法》，2007 年加入 WTO，經由關稅的調降與服務業的開放，已逐步融入全球經貿體系，吸引大量外資投入，多年來越南連續躋身全球進出口額前 30 大國家與地區之列。越南改革開放至今，雖仍屬開發中國家，但是將原本被視為弱（劣）勢的基本面轉變為崛起過程中的優勢，包含藉由廣建工業區、引進外資、創造就業、提升所得等，將低廉的大量人工轉變為具優勢的人力資源；善用地緣政治，槓桿日本經濟助援、亞洲四小龍的產業發展經驗；採取「不能選擇鄰居、但可以選擇朋友」的策略，發展「不與中國正面衝突」、「與美國交好」、「與俄國老大哥結盟」的多元對外關係，提升越南的國際地位，堆砌邁向亞洲之虎的目標（刁曼蓬，2018）。

　　臺商在越南改革開放之初期即進入越南市場，臺越經貿關係日趨緊密，在臺灣近年積極推動「新南向政策」之下更是持續增溫。2020 年因「嚴重特殊傳染性肺炎」（COVID-19）疫情影響，全球經濟皆受衝擊，值此越南吸引外國直接投資資金速度減緩之際，臺商在越南的投資金額以及臺越雙邊貿易總額卻仍較 2019 年同期成長，足見臺越貿易夥伴關係穩定且未來逐步提升的趨勢可期。

　　「新南向政策」是臺灣在現階段推動區域經濟發展最重要的戰略，呼應聯合國永續發展目標（SDGs），藉由臺灣和新南向國家的政府與民間之各層面的連結，促進發展全方位的合作關係。因應擴大與新南向國家進行包括人才、資金、技術、文化、教育等的互動交流，創造互利共贏，逐步達成建立「經濟共同體意識」目標的國家經貿發展主軸，在環球科技大學創辦人許文志博士、董事長許淑敏博士倡議下，本團隊特

別針對東協十國規劃出版系列叢書，解析東協十國各個國家的概況。

本書以越南為主題，邀請不同領域專長的作者編撰專論。本書區分為兩個部分，第一篇「政治、社會、教育與人文」，由三位作者主筆，第一章越南憲政發展與展望（李建宏博士），第二章越南的教育（許純碩博士），第三章越南的藝術文化（許淑婷博士），對越南的憲政發展、教育制度與藝術文化發展進行論述，以加深讀者對於越南這個國家的基本認識。

第二篇「經濟與貿易」，由四位作者主筆，第四章越南經濟發展的現況與展望（許文志博士），第五章越南經濟發展與人力資源問題（張李曉娟博士），第六章越南的國土開發、環境保護及交通物流（林信州博士），第七章中國防疫政策對中越經貿合作的影響和前景（許淑敏博士），從經濟、法律、國土開發、國際關係等不同觀點切入，解析越南近期經貿發展的概況。期許本書有助於公部門、營利、非營利之相關機關、團體、個人等，擬定未來相關策略、方針與營運計畫及其後續推動發展。

主編　林信州

目　錄

序

第一篇　政治、社會、教育與人文

第二篇　經濟與貿易

第七章　中國防疫政策對中越經貿合作的影響和前景
131

第一篇

政治、社會、教育與人文

Chapter *1*

越南憲政發展與展望

李建宏[*]

[*] 美國西密西根大學國際政治經濟博士，現任環球科技大學公共事務管理研究所助理教
授、環球科技大學地方發展與國際化專案辦公室執行長。

第一節　憲政體制

壹、政府體系

　　越南，國名為越南社會主義共和國，是自蘇聯解體後僅存的 5 個共產主義專制國家。實行一黨專政，由越南共產黨為唯一的合法執政黨。該黨直接掌控越南行政、司法以及立法機構，並透過「黨國二元結構」及各層級黨組織嚴密架構，確保各層面的控制與決策權，為世界上執政最長的政黨之一。整體國家政策方針由「四大支柱」作為主要依據，包含國家主席、政府總理、國會主席以及總書記，其中越南共產黨中央委員會總書記為最高領導人，見圖 1。

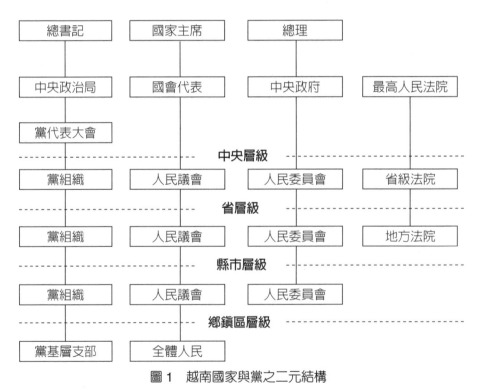

圖 1　越南國家與黨之二元結構

資料來源：研究東南亞政治體系學者 Aurel Croissant 教授整理，筆者譯。

　　根據《越南社會主義共和國憲法》，立法權以國會代表爲最高立法機關。國會代表行使立法權選出國家主席與總理並確認各部長、最高人民法院之首席大法官和總檢察長。各級人民議會爲地方權力機關，由人民普選產生，向人民負責。行政權坐落於國家主席與總理之上，並由總理領導中央政府，向國會負責。省、市、縣和鄉、鎮、村等各級地方行政機關則稱爲人民委員會。

　　乍看之下，越南的政府體系與中共和寮國無太大區別，實際上仍有兩大不同點：首先，「三頭馬車」總書記、國家主席以及總理有著明確領導職能分工。例如總理不須事先向黨組織諮詢，便可認命行政部門職位。此外，總理不須經由黨同意，即可請求議會罷免人民委員會主席。第二不同點涉及行政與立法之間，自革新政策後國會的地位明顯提升。儘管國會代表仍對立法影響程度較低，但許多立法提案不再受到質疑，對於特定政策項目的執行可行性評估，仍扮演重要的角色（Croissant, 2016）。

貳、共產政黨體系

　　越南共產黨，簡稱越共，是目前越南的執政黨和唯一合法政黨。該黨於 1930 年 2 月 3 日於香港創黨，並於 1935 年 3 月 27-31 日於澳門舉行第一屆全國代表大會。共產黨能在越南扮演舉足輕重的角色，是《憲法》所賦予的（Huynh, 1982）。1976 年兩越統一並改稱越南社會主義共和國後，直至 2013 年四部《憲法》皆將共產黨定位於法定性之重要地位。

　　1980 年的《憲法》的第 4 條中提到：「作爲用馬列主義武裝起來的越南工人階級先鋒隊與戰鬥參謀部，越南共產黨是領導國家和社會的唯一力量……」

　　而 1992 年於《憲法》第 4 條中，增修部分內文：「越南共產黨——

越南工人階級的先鋒隊忠誠地代表工人階級、勞動人民和全民族的利益，遵循馬克思列寧主義合胡志明思想，是國家與社會的領導力量。」「黨的所有組織在《憲法》和法律範圍內活動。」

1992 年版《憲法》將「唯一力量」改成「領導力量」，儘管看似將共產黨的職權範圍縮限，仍說明著共產黨在越南無法撼動的地位。

在最新 2013 年由第十三屆國會通過之《憲法》第 4 條，於 1992 年的原文中增加此段：「越南共產黨與人民緊密相連，為人民服務接受人民的監督，在自身的決定上對人民負責。」

內文中的「自身的決定」可看出新版《憲法》企圖將共產黨的法定穩固性加以鞏固。

根據黨章分析，越南共產黨最高決策機關是「全國代表大會」。由中央委員會召集，按慣例 5 年一屆，可能提早或延後召開，不超過一年。在代表大會休會期間皆由中央委員會作為共產黨領導機關，換言之中央委員會基本上是決定了所有對內外政策方針。從表 1 可證明，自第四屆，中央委員會人數皆維持在三位數，並在第十三屆出現 200 名，代表中央委員會在代表大會的重要性持續攀升。然而根據《共產黨黨章》序文規定，組織原則是以「民主集中」方式進行。加上政治局的委員，大多是「三頭馬車」，即總書記、國家主席與總理等重要黨員所組成。因總書記是由政治局委員所選出，所以必定是政治局委員之一，而總書記是最主要政策決策者，因此中央政治局才是實質政策決定機關。換言之，中央委員會決定政策方針，中央政治局決定政策實質性內容（梁錦文，2006）。

表 1　從 1930-2020 年越南共產黨全國代表大會中央政治局與中央委員會人數

屆期	任期	中央政治局	中央委員會
第一屆	1930-1951	5	13
第二屆	1951-1960	12	19
第三屆	1960-1976	10	47
第四屆	1976-1982	14	101
第五屆	1982-1986	14	116
第六屆	1989-1991	13	124
第七屆	1991-1996	13	146
第八屆	1996-2001	19	170
第九屆	2001-2006	15	150
第十屆	2006-2011	14	160
第十一屆	2011-2016	16	175
第十二屆	2016-2020	19	197
第十三屆	2020-2025	18	200

資料來源：Thayer（1988, p. 187; 2013, p. 66; 2014, p. 358; 2022, p. 375），筆者譯。

第二節　歷史發展與民主化的挑戰

壹、歷史發展

　　半個世紀以來，許多學者將「越南」一詞與戰爭、痛苦連繫在一起。相對的，這也是幫助一個經濟落後或民主落後的國家之藉口。然而隨著越南經濟的增長，觀光、低成本勞工以及優惠產品等新名詞出現之下，越南產生出新的正面形象（Lulei, 2021）。若要理解越南憲政體制的發展，須從越南過去歷史所造成的政體演變切入。

　　以越南駐中國大使館網頁（2013）的越南第一和第二時期歷史記

載[1]：

西元前 111 年，甌雒國（越南最早的國家名稱）受漢朝侵略。因此越南受中國王朝統治長達十多世紀。長期封建統治下，越南人民英勇頑強，反抗統治者的起義風起雲湧。西元十世紀，終於結束北方封建朝代的統治並獨立，名爲大越國。西元 1010 年遷都至升龍（今日的河內），從此大越國進入長期的獨立紀元，建立中央集權封建國家。朝代依序爲李朝（1010-1225 年）、陳朝（1225-1400 年）、黎朝（1428-1527 年）、西山朝（1778-1802 年）和阮朝（1802-1945 年）。在此時期，越南多次面對外國侵略，例如中國宋朝（十一世紀）、元朝（十三世紀）、明朝（十五世紀）和清朝（十八世紀）。而在 1884 年，法國侵略軍占領權越南領土，越南淪爲法國殖民地。

在第三時期的「法屬時期」中，因反抗法國殖民的緣故，越南開始形成民族國家建構之意識。例如 1904 年受到日本明治維新運動啓發，革命新秀潘佩珠創立的「越南獨立光復會」和「維新會」，目標是追求獨立與現代化的同時，保留越南王室之國權象徵性。1912 年受到辛亥革命的啓發，潘佩珠成立的「越南光復會」以「驅逐法帝，光復越南」的口號進行革命。儘管皆受到法國政府鎮壓，但也可證明當時的越南不僅是反殖民主義，更渴望擁立一個新的社會體系（紀舜傑，2014）。

關鍵時間點於 1925 年，胡志明於廣州成立「越南革命青年同志會」，該組織是越南第一個馬克思主義的組織；1930 年於香港成立「越南共產黨」。二次大戰期間法國因遭到德國侵略，導致無法抵禦日本侵略越南。越南出現地下游擊隊來抵抗日本侵略，並於 1941 年由胡志明和武元甲等人成立「越南獨立同盟」（簡稱越盟），目的是推翻法日統治。因擁有共同敵人日本，越盟給予美國中南半島情報，以換取美方武

---

[1] 越南駐中國大使館，〈越南歷史〉。2022年11月1日，取自網址：http://www.mofa.gov.vn/vnemb.china/zh/nr050708132637/nr050727110902/dt050803151745。

器援助。1945 年在日軍節節敗退下成立「越南解放軍」，同年 9 月在日本投降後，於越南河內巴亭廣場發表《獨立宣言》，宣布越南共和國正式建立。

然而法國基於保留越南殖民地，不承認越南民主共和國（簡稱北越）存在。因此在日本撤軍後努力奪回原有勢力，成立親法政府，實行君主立憲（簡稱南越）。因為對共產主義的畏懼和對中國勢力防範，南越受到美、英支持。也因南北越的對峙，最終造就越戰的產生。如前文所述，美國出兵支援主要原因是認為越南若遭到共產政府執政，亞太戰略乃至印度、印尼及日本國防安全將受到重挫。再者，基於冷戰對峙，美國勢必捍衛民主政權對抗北越（沈明室，2014）。然而歷經 20 年的戰爭，美方陣營最終失敗撤軍，南越滅亡收場。留下的僅是滿目瘡痍、千瘡百孔的越南。因為這場戰役使美國對於亞太與臺海戰略出現轉變。而戰爭因南北越雙方動用重型及化學兵器，重挫越南生態環境，使上百萬越南人民身亡以及造成上萬名孤兒。其中部分孤兒受到歐美國家領養，著名案例之一為德國自由民主黨黨主席菲利普‧羅斯勒（Philipp Rösler）[2]。

從過去的歷史推演可發現，法、日、美都將越南視為對抗中國的根據地，也因此越南這片國土過去有著受到各國列強侵占的經歷。最終造就前文所述，「越南」與戰爭、痛苦連繫在一起的既定印象。

貳、民主化的挑戰

1976 年越南統一後，1980 年代蘇聯與東歐共產集團陸續瓦解。這時的越南也開始出現實質上的財政改革。1986 年從原本的計畫經濟走向市場經濟，又稱「革新政策」（Lulei, Teumer, de Ponlevoy, Wendle,

---

[2] Nelles, R., & Weiland, S. (2012, September 14). Rösler und Vietnam: Auf Stippvisite im Geburtsland. Retrieved from: https://reurl.cc/QW3zpb.

Westarp, L. G. & Westarp, D. G. 2021）。從客觀數據來看，自革新政策以來越南歷年 GDP 從 1986 年的 311.7 億美元，上升至 2021 年的 3,626.4 億美元，超過 10 倍[3]。證明越南近 30 年經濟發展迅速。根據杜瓦傑的 E → C → I → P 公式，越南當前具備經濟（Economic, E）變遷的基礎；而這些經濟變遷產生新的主要階級（Class, C）；這些新的主要階級有其嶄新的意識形態（Ideology, I）；最終嶄新的意識形態便會形成政治（Political, P）變遷。確實從過去包含 1998 年農民抗議事件、1998 年越南共產黨中央委員會 29 號議定以及 2003 年 79 號議定等歷史事件可看出，隨著經濟發展從農業社會至工商社會、歐美企業資金以及官方與非政府組織進入之下，民主思想同時也被帶進了越南。人民逐漸重視改善各層級政策參與以及地方發展（梁錦文，2019）。根據越南學者范清毅（Pham Thanh Nghi）於 2008 年文獻中，訪問了 630 位男性及 570 位女性，並探討當前越南民主整體之研究。此篇研究的結論，該學者對於越南當前民主治理具備足夠信心。表 2 為學者訪問中的其中兩題，將近

表 2　訪問越南人民政治相關議題之數據整理

您對於政治有多少興趣？		請問您多常關注政治或政府相關新聞？	
1. 非常有興趣	36.6%	1. 每一天	58.1%
2. 部分有興趣	37.6%	2. 一週數次	22.0%
3. 沒那麼有興趣	18.7%	3. 一週一至二次	10.6%
4. 沒有興趣	4.8%	4. 一週一次不到	3.8%
5. 沒答案	--	5. 幾乎沒有	4.2%
6. 無法選擇	2.1%	6. 沒有答案	--
7. 拒絕回答	0.3%	7. 無法選擇	1.2%
--	--	8. 拒絕回答	0.3%

資料來源：Nghi (2006, p. 15)，筆者譯。

---

[3]　The World Bank. GDP (current US$) - Vietnam. Retrieved from: https://reurl.cc/X5kdva.

七成受訪者對於政治相關議題有興趣，且將近六成受訪者每天關注政治與政府相關議題新聞。

一切看似往民主化方向發展，但實際上，現在討論越南是否能在短時間內走上民主化道路，是過於樂觀。從過去越南殖民背景以及共產黨長年獨特的地位及密集掌權下，要求共產黨自主放下現在擁有的權力，恐怕是不可能。再加上 1986 年和 1996 年革新政策所推動的市場經濟，使越南人民的生活水準確實提升。越南人民所關注議題主要與自身日常生活有關，鮮少到達國家內政層次。換言之，便是「鳥籠民主」。除非未來政府出現政策急轉彎或是嚴重問題，否則人民會珍惜及維持現狀（金榮勇，1998）。

第三節　當前國際關係

壹、強國角力下的越南處境

根據黎洪和（2015）研究，自 1991 年中越關係活絡化後，越南對中國所採取的外交手段是以「避險戰略」為主。避險戰略是指小國為了在無政府的國際關係中，透過「硬平衡」或是「軟平衡」的方式來抗衡較強或是有威脅性的國家。例如：建設提升軍事水平、維持正式同盟國關係、內政上的改革形象以及區域和國際組織上的整合等手段。另外，越南也透過與中國雙邊關係提升以及共產黨執政的相似性，增長雙方共同利益，以降低中國對其進行侵略性行為的可能性。

採取此手段主要原因是歷史經驗所影響。1970 年代開始因越中雙方關係惡化，加上 1979 年的邊境戰爭，使越南北方受到中方施加軍事行動以及外交孤立。當時越南仍可以對抗的主因是蘇聯的軍事援助，然而 1990 年代末期蘇聯瓦解，破壞了原有的平衡。越南勢必在短期內達成多邊化外交關係。革新政策後的越南，積極參與和加入全球與亞

太國際組織，包含東協（ASEAN）、亞太經濟合作組織（APEC）、東亞峰會（EAS）以及區域全面經濟夥伴協定（RCEP）等多邊合作組織（Welfens, 2022）。

　　此外，越南善用自身地緣優勢來提升國力，意為南海政策（戰略）。自從1968年聯合國資源勘查單位發現南海地區擁有豐富石油資源，即引來周邊國家注意，致使該地區成為衝突熱點。主要聚焦於中國、越南與菲律賓。對美國而言，南海地區扮演「亞太再平衡」的角色，同樣具備戰略意義（柯建安，2018）。越南政府為追求南海島嶼主權合理化，除了過去1995-1996年宣揚自身是西沙群島及南沙群島的唯一主權外，近年更試圖將其議題推向國際化，確保在南海之國家利益（姜高生，2011）。

　　從美國角度來看，不管是過去歐巴馬政府時期的「重返亞洲」（pivot-to-Asia）政策、川普政府時期的「美國第一」原則，或是現在拜登政府的印太戰略計畫，主要共同點皆是環繞在與中共體系上的對抗與謀略。以中共周圍國家建立合作關係並與盟國制定政策發展合作模式，最終提升美方於印太影響力。2010年啟動防務政策對話（DPD）；2011年防務合作簽訂合作備忘錄；2014年因應中方於越南水域定位石油鑽井平臺提供越方軍事資助計畫（Foreign Military Financing, FMF）；2015年簽署《共同願景聲明》；2016年全面解禁對越南武器運輸以及2021年幫助越南按照美軍標準建立飛行員培訓體系等案例，證明圍堵中國的決心（柯建安，2018）。

貳、我國與越南關係發展

　　過去我國與南越政府（越南共和國）建有正式邦交，於西貢（今日胡志明市）設立大使館。然而也在南北越正式合併，更名為「越南社會主義共和國」後，關閉駐西貢大使館。

　　近年來我國在中共政府打壓和「一中原則」制約下，僅能與越南以非正式經濟關係作爲「務實外交」的手段之一。從 1990 年的《漁業合作協議書》、1999 年的《農漁業合作協定》以及 2009 年《臺越科技合作協定》等超過 30 項協議。內容牽涉交通、租稅、農業、司法、科技、衛生、出口、教育、環保等等。從許文堂（2014）研究發現，近年來越南外國投資中，我國皆保持在前 10 名，與越南雙邊貿易總額更是逐年增長。證明在經濟層面上，兩國之間的依賴性以及投資量具有可觀性。

　　從社會層面角度探討，我國近 10 年來與越南男女性通婚人數皆維持相當比例。如表 3 所述，根據內政部統計，近 10 年外籍配偶歸化（取得）國籍人數統計共有 38,013 人，其中越南便包辦 28,454 人，是所有國家之冠。此數據證明我國與越南的關係日益加深，也相對證明近年我國新南向政策，對於越南和其他東南亞國家的效果已逐步展現。

表 3　近 10 年越南配偶歸化國籍人數統計表

（單位：人）

年度	越南籍新郎	越南籍新娘	總計畫
2012	16	4,113	4,129
2013	20	3,660	3,680
2014	18	3,171	3,189
2015	15	2,484	2,499
2016	21	1,947	1,968
2017	64	3,355	3,419
2018	35	2,145	2,180
2019	40	2,041	2,081
2020	60	2,507	2,567
2021	88	2,654	2,742

資料來源：內政部移民署（n. d.）。

　　越南經濟改革後，我國與越南的關係逐漸密切，成爲重要的東亞貿易夥伴。我國與越南因貿易頻繁而發展出諸多通婚情形，勢必影響我國文化以及社會議題。因此政府除了持續與越國貿易投資和社會交流外，對於未來擬定相關政策法令是不可忽略的。

參考文獻

1. 內政部，外籍配偶（含大陸、港澳地區人民）統計資料。2022年11月1日，取自網址：https://www.immigration.gov.tw/5382/5385/7344/7350/8887/?alias=marriage。

2. 沈明室，2014，〈越戰的再檢視——原因、戰略及思考〉，《臺灣國際研究季刊》，10（2），頁129-148。

3. 金榮勇，1998，〈越南新領導人面臨的政經困境與改革前景〉，《問題與研究》，37（5），頁35-45。

4. 姜高生，2011，〈越南南海政策之意涵與影響〉，《國防雜誌》，26（2），頁13-31。

5. 柯建安，2018，〈美俄軍售越南之戰略意涵：維持區域穩定與安全或防堵中國大陸崛起〉，《復興崗學報》，第113期，頁27-50。

6. 紀舜傑，2014，〈越南的國家認同——鄰近強權、殖民與全球化之挑戰〉，《臺灣國際研究季刊》，10（1），頁79-97。

7. 梁錦文，2006，〈越南共產黨政治局之研究〉，《政治科學論叢》，第27期，頁1-40。

8. 梁錦文，2019，〈越南民主化之分析〉，《國際文化研究》，15（1），頁33-50。

9. 許文堂，2014，〈臺灣與越南雙邊關係的回顧與分析〉，《臺灣國際研究季刊》，10（3），頁75-111。

10. 越南駐中國大使館，〈越南歷史〉。2022年11月1日，取自網址：http://www.mofa.gov.vn/vnemb.china/zh/nr050708132637/nr050727110902/dt050803151745。

11. 黎洪和，2015，〈建交後越南對中國的避險戰略〉，《全球政治評論》，第49期，頁149-180。

12. Croissant, A., 2016, *Die politischen Systeme Südostasiens Eine Einführung*. Wiesbaden, Germany: Springer.

13. Huynh, K. K. 1982, *Vietnamese Communism 1925-1945*. New York: Cornell University Press.

14. Lulei, W., Teumer, J., de Ponlevoy, D., Wendle, M., Westarp, L. G. & Westarp, D. G., 2021, Wissenswertes zu Vietnam, in *Der aufsteigende Drache – Erfolgreich in Vietnam Ein interkultureller Guide für alle, die in Vietnam arbeiten oder arbeiten wollen*, hrsg, Stoffers, A. & Long, Q. P., 1-46, Wiesbaden, Germany: Springer.

15. Nelles, R., & Weiland, S., 2012, September 14, Rösler und Vietnam: Auf Stippvisite im Geburtsland. Retrieved from: https://reurl.cc/QW3zpb.

16. Pham, T. N., 2008, The State of Democratic Governance in Vietnam, *An Asian Barometer Conference on The State of Democratic Governance in Asia*. Taipei: The Asian Foundation Institute of Political Science, Academia Sinica.

17. Thayer, C. A., 1988, The Regularization of Politics: Continuity and Change in the Party's Central Committee, 1951–1986, in *Postwar Vietnam: Dilemmas in Socialist Development*, Hrsg, D. Marr, und C. White, 177-193, Ithaca: Cornell University Press.

18. Thayer, C. A., 2000, *Vietnam: The Politics of Immobilism Revisited*, Singapore: Southeast Asian Affairs.

19. Thayer, C. A., 2013, Military Politics in Contemporary Vietnam, Political

Engagement, Corporate Interests, and Professionalism, in *The Political Resurgence of the Military in Southeast Asia*, Hrsg, M. Mietzner, 63-84, New York/London: Routledge.

20. Thayer, C. A., 2014,. Vietnam in 2013. *Domestic Contestation and Foreign Policy Success*, Southeast Asian Affairs 2014: 355-372.

21. Thayer, C. A., 2022, Vietnam in 2021: Leadership Transition, Party-Building and Combating COVID-19. Southeast Asian Affairs 2022: 373-391.

22. The World Bank, GDP (current US$) – Vietnam. Retrieved from: https://reurl.cc/X5kdva.

23. Welfens, P. J. J., 2022, Russlands Angriff auf die Ukraine Ökonomische Schocks, Energie-Embargo, Neue Weltordnung. Wiesbaden, Germany: Springer.

Chapter 2

越南的教育

許純碩[*]

[*] 美國斯伯丁大學教育博士，現任環球科技大學企業管理系副教授。

第一節　教育與歷史發展

　　教育是推動社會經濟文化發展與政治民主化的有效途徑，但是教育制度和課程內容也多少受到國家政治文化背景的影響。因此，教育體系需要不斷接受新時代的考驗與內外兼具的改革（徐維邑，2021）。20年來的快速經濟增長使越南正規教育的規模得到空前的進展。然而，人們普遍認為越南目前的教育體系仍然不足以滿足該國的需求。教育不是一個獨立的部門所能竟其功的，而是與其他相關機構相互依存運作和發展的重要工程（Jonathan, 2011）。

　　越南的歷史發展至今約經歷了五個主要階段，分別是「北屬中國期、獨立自主期、法國殖民期、南北分裂期、全國統一期」。而越南教育也受到了中國、法國、前蘇聯和美國四種不同教育型態的影響，其中，法國教育對於越南的教育學制的影響性更加顯著（張氏清，2019）。

　　茲簡要說明越南五個主要階段的歷史發展。

壹、北屬中國期（前207-1427）

　　越南歷史上曾經有過一段被中國統治的時期，就是越南北屬時期。此一時期歷經秦朝末年、西漢、東漢、東吳、晉朝、劉宋、南齊、南梁、南陳的統治，直到西元 1427 年結束（維基百科，2022）。由於越南曾經接受過中國的統治，越南的教育文化也間接地受到中國的影響，而教育的根源來自該國對儒家思想的信仰（Mongabay, 1987）。孔子教導說，人是宇宙的中心，但人不能孤獨，他在與他人的社區中找到幸福。他還教導了這樣一種信念，即每個人都有同樣受教育的權利，主張每個人都應該接受教育。因此，越南被建構成一個集體主義國家，這意味著個人不如整體重要（Yee, 2002）。

社區非常重要，越南教育被視爲一種創建優秀公民社區的手段，而不是提升個人知識與技能的目的（Kathryn, 2008）。概括地說，儒家融合了教育和治理規範。儒家學說將教育制度、經典研究、國家治理與權威關係連結起來並且施加約束，塑造了越南教育的態度和行爲。因此，越南教育系統的發展與中國和韓國一樣，與權威關係的發展是相互依存的原始國家、地方和家庭，掌握了這一點有助於我們更加了解越南教育的歷史意義（Jonathan, 2011）。

貳、法國殖民期（1885-1945年）

1885 年，中法戰爭結束，清政府與法國簽訂了《中法新約》，放棄了對越南的宗主權。另一方面，越南淪爲法國殖民地，阮朝名存實亡，法國的印度支那聯邦總督則駐紮西貢（1902 年後改名河內），對越南、寮國、柬埔寨進行殖民統治（百度，2022）。

十九世紀末，法國殖民者將大部分的精力用於鞏固其軍事占領，殖民地的教育問題未能得到關注。因此，後期法國希望有效重建教育殖民地並積極掌握教育主動權，廢除傳統儒學制度，並建立法式新學校。此後，傳統儒學在越南漸漸式微，法國教育模式於焉成立（張氏清，2019）。

法國的教育制度主要是向越南青少年灌輸西方文化思想，目的僅在培養忠於法國統治的人才，以便維持其長期對越南的殖民統治。雖然歷經多次的改革，但實質上卻存在著一項極嚴重的問題，那就是人民接受教育的權利取決於本身的社會階級身分。一般中、下階層的人民只有接受當時所謂的「初等教育」的權利，而「中等教育」的受教權，則只有留給中上階層的學生（黃照耘，2007；張氏清，2019）。法屬越南時期的教育以法式的課程和教學爲主，在初等教育的教學裡著重法語和越南羅馬字教學，而在中學與大學則僅容許以法語爲教學語言（陳立，2005；林志忠，2008）。

參 獨立自主期（1945-1985年）

　　1945 年 9 月 2 日，越南從法國獲得獨立之後，停止使用法語教學，並用越南語創建課程，認同少數民族使用自己的母語。越南為多民族多語言的國家，雖然只有 53 個少數民族，卻有 105 種語言和 27 種文字。1945 年八月革命運動後，越南政府一直維持教法語、英語、俄羅斯語和漢語。1945 年 9 月 2 日宣布越南獨立後，越南政府認定保護少數民族語言就是維持民族文化特色。胡志明認為鞏固越南國內各民族團結是相當重要的任務。為了民族團結，保護少數民族的語言是當務之急。因此越南官方對於越南的民族教育，提出了三項政策：對越南語的政策、對越南少數民族語言的政策、對外語的政策（范玉翠薇，2017 年 12 月）。

　　1975 年 4 月，政府在教育方面採取了兩個要點：(1) 消除舊教育系統所遺留下來的諸多影響；(2) 針對 12-50 歲年齡層進行掃盲運動、開始將私立學校國有化，並根除宗教與教育的連結。雖然這些政策的目標是改善教育，但是在實現政府目標的同時卻存在一些挑戰。政府希望普及國有化教育課程，卻讓所有學校接受集中式管理的教育體系（Kathryn, 2008）。

　　由於該國也試圖在其他領域，如經濟和社會領域實現統一，並且正在經歷與外國資源的隔離，導致此新舉措的資金愈發困難。在恢復和平之後的 10 多年裡，該國的經濟和社會增長少之又少（Mongabay, 1987; Kathryn, 2008）。

一、南北分裂期（1954-1975 年）

　　1954 年日內瓦會議正式在柬埔寨王國、越南民主共和國、法國、寮國王國、中國、南越、蘇聯、英國和美國等九國外長簽訂下通過了《日內瓦會議最後宣言》，法國結束對越南、寮國、柬埔寨的殖民統

治，三國獨立。但是越南以北緯 17 度爲界，分裂爲南北兩個越南。自此之後越南進入長達 20 餘年的南北分裂期（雪花新聞，2017）。

北越的教育制度以前蘇聯和東歐爲學習對象，學生畢業後前往東歐和前蘇聯就讀；南越教育制度則以美、法爲學習對象（林志忠，2018）。

二、全國統一期（1976-1885 年）

1976 年，在越南民主共和國的領導下，越南南方共和國與之合併，統一爲如今的越南社會主義共和國。1986 年越南共產黨揭示的經濟改革與創新的「革新」政策，不但爲越南開啓了轉變與發展的契機，同時也給越南教育改革帶來極大的影響。這種制度上的變革，提供了一種與傳統的經濟與教育觀點迥異的分析角度。在推行新的教育法令規定之後，國家不再擁有教育的壟斷權，越南公共教育逐漸傾向「私有化」。自此，越南教育制度便不斷地處於「市場化」、「私有化」及「多元化」的建構過程中（李平絨，2019）。

此時期以大量、單科、規模小的大學和初級師範學院爲多；管理上採高度集權、統包統分制；高等教育制度研究和教學分立；學科設置和教材仍以前蘇聯爲主，1976 年開始才有學士後教育（李志忠，2018）。

第二節　教育制度

壹、越南教育制度簡介

越南的教育制度分爲學前教育、小學（第 1-5 級）、初中（第 6-9 級）、高中（第 10-12 級）以及高等教育（4 年的學士班和 2 年的碩士班）（K12 Academics, 2022）。

越南的學前教育爲期 3 年，越南的兒童通常在 3 歲時進入學前班。

之後，孩子們從 6-11 歲進入小學階段。而中學階段分為初中和高中階段，初中為 4 年，高中為 3 年。學生在中學期間必須參加入學和畢業考試。高等教育階段，越南有許多高等教育選擇，如大學、技術學院和研究機構。此外，學生可以就讀大專、中專或職業學校（Education Destination Asia, 2022）。

學年從 9 月開始，到次年 6 月中旬左右結束，學年雖因年而異，但以 1 月下旬至 2 月中旬的農曆新年假期為界。學校採兩學期制，第一學期為 9 月 5 日到 1 月 10 日；第二學期為 1 月 13 日到 5 月 25 日；暑假是從 7 月到 8 月（Yappan Go, 2013；維基百科，2021; CyberAgent, 2013）。

教育行政部門設有中央「教育培訓部」、地方省級「教育培訓局」、地方市級「教育司」。高等教育受教育培訓部所管轄，普通初中分配給教育培訓局，基礎初中、小學、幼兒園、托兒所分配到教育司（Yappan GO, 2013）。

越南的主要教育目標是「提高人們的一般知識，培養優質的人力資源和人才」（K12 Academics, 2022）。

越南有超過 1 萬 5 千所小學、1 萬所初中和 2 千所高中。該國還擁有 70 多所國際學校。越南的大多數國際學校都位於胡志明市，在外籍人士友好的地區也有國際學校，如河內、會安和峴港（Education Destination Asia, 2022）。

根據越南統計總局的數據，越南的入學率為小學 100%，初中 85%，高中 55%，大學 15%，與 1960 年代的日本大致相同（AGS グループ，2018）。

越南教育系統按照 10 分來計算，5 分是通過。下面是越南教育培訓部對於分數的規定，但在不同的大學稍有區別：9-10 分為特優；8-9 分為優秀；7-8 分為良好；6-7 分為中等；5-6 分為合格；4.9 分以下（包含 4.9 分）為不及格（臺越高等教育交流中心，2022）。

貳、越南的四階段教育制度

一、學前教育階段（3-6 歲），共 3 年

越南的學前教育為期 3 年，招募的對象是 3-6 歲的兒童，小學以前的教育並非是義務教育，目標在於培養兒童思維與生活習慣，專注的教育主題是學習字母表等基礎語言技能。托兒所被認為是越南前一級結構的一部分。一些幼稚園還包括托兒所，這些托兒所有國立的也有私立的。嬰兒可以從 3 個月大到 3 歲間參加。越南的學前班不是強制性的，只要直接在自己選擇的學校註冊，即可讓自己的小孩在該機構上學（Angloinfo, 2022; Education Destination Asia, 2022）。

學前教育學費每個月約美金 25 元。但是一個班級的學生數很多，教育環境不怎麼好（CyberAgent, 2013）。雖然越南尚未實現義務學前教育，但教育培訓部（Ministry of Education and Training, MoET）的目標是讓所有越南兒童在 5 歲時接受學前教育，以確保他們為上學做好準備（Angloinfo, 2022）。

二、義務教育階段（6-15 歲），共 9 年

越南 1998 年頒布的《教育法》於 2005 年修訂，義務教育也延長至 9 年（日本學生支援機構，2019）。越南的現行教育制度為「5、4、3、4 制」。2019 年《教育法》將小學教育學制 5 年（6-11 歲）與中學 4 年（11-15 歲）共 9 年定位為義務教育（はるか，2019；デジタル貿易・新産業部，2021）。義務教育大致上是公立學校，從週一開始到週六結束，但孩子們通常只上學半天。小學課程包括越南語、數學、自然與社會、藝術和體育等典型科目，學生也在學校接受道德教育（西和春，2021；Education Destination Asia, 2022）。

越南目前沒有為學生提供免學費的政策，學費減免僅適用於生活

困難的家庭或殘疾兒童。當然，私立和國際學校的費用要高於公立學校（Iconic Group, 2021）。越南的教育費用是負擔得起的，但並非完全免費。越南政府補貼了大部分教育費用，然而，小學仍然收取各種附加費，包括從維修費到購置書籍和校服的費用。中等公立學校也被允許收取少量學費。此外，父母通常會為補習班支付額外費用，以確保他們的孩子在學業上取得成功（Education Destination Asia, 2022）。

（一）**小學教育階段**（6-11 歲），共 5 年

越南的小學或初等教育為期 5 年，是所有越南兒童的義務教育，分為兩個階段：第一階段（一、二、三年級），學生必須修讀的科目包括數學、越南語、自然和社會、美術、道德、體育以及課外活動（Wikipedia, 2022）。2011 年開始，小學三年級的英語訂定為必修課程（西和春，2021）。

第二階段（四、五年級），學生必須修讀的科目包括數學、越南語、英語（三、四、五年級自選）、科學、歷史、地理，音樂、美術、道德、體育、電腦（自選）和課外活動（張氏清，2019；Wikipedia, 2022）。

以前規定小學必須通過畢業考試，始完成小學級，現在此項考試已取消（張氏清，2019；Wikipedia, 2022），只有不到 5% 的人口從未上過學（Just Landed, 2022）。

（二）**初級中學教育階段**（11-15 歲），共 4 年

初中是強制性的義務教育，就讀 4 年。學生必須選擇自然科學或社會科學，有入學和畢業考試，學生畢業後將獲頒中學教育畢業文憑（Education Destination Asia, 2022; Just Landed, 2022）。

初中學生必修科目包括數學、越南語、生物、物理、化學、歷史、地理、公民、外語（通常是英語或法語）、體育、工藝、美術、音樂；選修科目還包括課外活動（所有年級每月 4 門課時）和職業教育（九年級每月 3 門課時）（Wikipedia, 2022）。

三、高級中學階段（15-18 歲），共 3 年

想就讀公立高中的學生，必須在完成初中學業後參加入學考試。此類考試每年均由地方的教育培訓局辦理。必修科目包括數學、越南文學、物理、化學、生物、歷史、地理、公民（一般包括經濟學、哲學、政治、法律和倫理學）、外語（一些專業學校教授英語、漢語、法語和俄語）、技術、資訊技術、體育、軍事和安全教育（Angloinfo, 2022）。

越南父母普遍重視子女的教育。雖然公立學校的標準並不高，但是許多孩子在校外接受額外的補習教育。其中有 4 所特殊高中為有天賦和有才華的學生提供服務，更是家長的首選，如河內的阿姆斯特丹學校和 Chu Van An 學校、順化的 Quoc Hoc 學校和胡志明市的 Le Hong Phong 學校（Angloinfo, 2022）。

全國畢業考試於 6 月舉行，涵蓋 6 個科目，每個科目的評分為 10 分。要畢業，學生必須獲得至少 30 分，並且任何科目的分數都不是零（Angloinfo, 2022）。

越南高中教育分成普通教育（general education system）及技職教育（vocational and technical education system）。技職教育體系之主管機關，主要是由教育培訓部與勞動榮軍社會部（Ministry of Labor - Invalids and Social Affairs, MOLISA）共同負責，而勞動榮軍社會部所屬技職教育總局（General Department of Vocational Training, GDVT）則主要監督及管理有關技職教育質量事宜（胡茹萍，2014 引自 IRED, n.d.b., 2013/9/29; World Bank, n. d., 2013/9/29）。

技職教育機構包括兩大類，「專科中等學校」（professional secondary school）與「職業學校及訓練中心」（vocational training schools and center），而越南之技職教育機構主要包括「職業學院」（vocational college）、「中等職業學校」（secondary vocational school）及「職業訓練中心」（vocational training center）（胡茹萍，2014 引自 NIVT,

2012; World Bank, n. d., 2013/9/29）。

四、高等教育階段（**4-6** 年）

高等教育機構可以是大學、技術學院或研究機構。入學考試非常艱難，只有不到三分之一的學生能夠通過考試（Just Landed, 2022）。

十九世紀中末期，在法國統治下的越南高等教育的目的，充其量只能算是滿足其殖民統治時期的工具，此時期的高等教育主要是培養行政初級人才和技術行政人員的角色，產出支配下的補充性人力需求而已。接著越南進入長達 20 年南北分治，而此時期北越得到蘇聯的大力援助，引進重工業技術，因此大學區分為專業的工業大學和綜合性文理大學。大學數量增加以及科目分類的效果，成功吸引更多人接受高等教育，使越南的大學生倍增（徐維邑，2021）。

根據最新國際資料顯示，越南的大學入學率占 28% 左右。越南的大學的種類主要分成三種，分別是國家大學、國立大學及私立大學。國家大學是政府的直屬機構，而國立大學歸越南教育訓練部管轄（西和春，2021）。越南 18-29 歲的大學入學率為 28.3%，與日本 58.6%、泰國 43%、馬來西亞 48% 的升學率相比略低（ストラテ，2022）。

（一）國家大學

為提高大學教育水準，越南政府整合各大學院校成立河內國家大學、胡志明市國家大學。越南國家大學河內學校設在河內，越南國家大學胡志明學校設在胡志明市。兩所國家大學均由首相管轄，行政定位高於其他公立大學，給予不同待遇。由於多所大學融合發展的背景，兩所國家大學都在國立大學內以大學的名義在各個領域設有系所（Xuite, 2007；日本學生支援機構，2019）。

（二）國立大學與私立大學

越南高等教育隸屬於教育訓練部，包括：專科學校、社區大學、初

等專科、空中大學、大學（國立大學、職業大學、學院、私立大學、外資大學）。一般大學修業 4 年，工程科系修業 5 年，醫學系修業 6 年。大學另有碩士與博士等課程（維基百科，2021；日本學生支援機構，2019）。

政府爲了同時回應教育與產業的需求，希望解決國家經濟發展不足的情形，分別於 1998 年及 2005 年越南《教育法》取消了原有的公立大學的限制，開放民間設置私立及國際大學的自主權，以培養充足且優良的人力資源（徐維邑，2021）。

由非政府組織和個人建立和營運的大學稱爲私立大學（Private University），這些大學通常是私人投資或非政府組織所創辦，是越南高等教育體系中的一部分。民間大學通常擁有自己的教學計畫和課程設置，可以提供與公立大學類似的學位課程和職業培訓，但收費可能會更高。在越南，民間大學的數量在不斷增長，它們爲越南提供了更多樣化和靈活的高等教育選擇。目前正處於趨向私立大學的過渡期（日本學生支援機構，2019）。

根據越南教育訓練部的統計，當前該國有 23 所私立大學，約占全國大學總數的 11%，這些私立大學總共提供了 119,464 個入學名額、約占全國大學入學名額的 11.7%。也就是說，該國的公立大學總數扣除 23 所私立大學，約占全國大學總數的 89%（Sensagent, 2022；維基百科，2021）。

在越南，公立學校和私立學校之間存在差距，一些公立學校被分爲是有聲望的和沒有聲望的。尤其是在城市地區，教師的數量跟不上孩子的數量，而在公立學校，每班學生多達 50-60 人，問題不容忽視。另一方面，在私立學校，學生人數限制在 30 人左右，並保持高品質的教育（ベトナム語翻訳・通訳会社はるか，2019）。

一般來說，商業是越南學生在國內和國際上最熱門的學習領域，從美國 30% 的越南學生就讀商業／管理專業領域，可見一斑（World Education Services, 2017）。

（三）**專科學校**（Specialized college）

在越南，由於受前蘇聯高等教育體系的影響，建立了專門學校，提供特定專業領域的教育。專業領域包括工程、經濟學、法律和藝術。自1970 年代以來，在大學內設立了 2-3 年的大專，並作為一所獨立的學校。很多大專都設有師資培訓課程，與其他大專和專科院校是一樣的領域（日本學生支援機構，2019）。

（四）**社區大學**（Community college）

由地方社區建立和營運的大學稱為社區大學（Community College），這些大學通常為當地的社區和經濟發展提供教育和職業培訓，以滿足當地勞動力市場的需求。社區大學在越南的教育體系中扮演著重要的角色，為廣大的學生提供高質量的教育和職業技能，從而幫助他們在就業市場上取得成功（日本學生支援機構，2019）。1994 年，實施普通高等學校合併，目的是與區域中心城市的國立大學一樣，成為各區域綜合性大學。因此，順化大學、西原大學和峴港大學已成為區域中心大學（日本學生支援機構，2019）。

（五）**學院**

它是一個向各部委和政府機構報告並開發高度專業化人力資源的教育機構。如：越南國家音樂學院（文化、體育和旅遊部）、外交學院（外交部）、銀行學院（國家銀行）、傳統醫學學院（衛生和福利部）等（日本學生支援機構，2019）。

（六）**外資大學**

隨著經濟的發展和旅遊業的蓬勃，越南的生活水平穩步提高。外籍人士發現越南是一個安全的國家，氣候宜人、生活成本低、文化活躍，且國家基礎設施不斷改善（Education Destination Asia, 2022）。RMIT（Royal Melbourne Institute of Technology）是越南與日本學校於 2000 年在澳大利亞墨爾本成立的一所私立大學；VGU（Vietnamese-German

University）是越南大學於2008年與德國政府合作成立的一所公立大學；
VJU（Vietnam Japan University）是越南大學於2016年與日本政府合作，
在越南國立河內大學旗下成立的（日本學生支援機構，2019）。

　　與亞洲大多數國際學校一樣，越南的每所國際學校都有其獨特的收
費標準。國際學校的年學費在1-2萬美元之間。這些費用不包括申請、
註冊和押金的費用。家長還應注意隱藏的費用，例如建築開發費、交通
費以及學習用品和校服等費用（Education Destination Asia, 2022）。

　　外國資本的湧入也給越南的教育環境帶來了巨大的變化，特別是
在課程結構上，完全由外資或由教育培訓部（MoET）和外交部合作建
立的國際學校，通常可以自由選擇課程。截至目前，有12所學校被教
育培訓部認可為國際學校。更多的外國投資者，特別是來自美國的外國
投資者，因為資本流動導致從課程結構到學習者行為和職業前景等各方
面都產生了重大的變化。根據越南教育部統計，目前已有來自33個國
家、258所大學和越南當地的85所大學合作近350個課程計畫。因越
南深受西方國家殖民的影響，其中86個課程與法國、85個與英國、84
個與美國合作；鄰近的澳洲及中國也有分別49與34個合作課程。在這
些合作案中，有高達85%是以英語作為主要的授課語言，其他語言如
法語、漢語、日語、韓語及少部分的斯拉夫語。上課方式以面授、線上
授課，或是兩者並用的模式進行，採多元模式，這也為越南高等教育國
際化開啟創新的一頁。這些國際的共同課程合作領域中，以經濟及管理
課程學最多，占超過一半的比例。此外，96%的學位及證書是由合作
的國外學校頒發（Yuan, 2018；侯永琪、胡馨文、林俐，2018）。

　　根據規劃和投資部的最新統計數據顯示，截至2022年4月20日，
越南教育培訓領域已有607個對外合作專案投入營運，總投資資本超過
44.4億美元。過去兩年來，美國、英國和新加坡一直是最大的教育投資
者（Linh Le, 2022）。

（七）師資教育（Teacher education）

　　就越南師資培訓課程框架而言，偏向在校知識傳授，而見習、實習時間偏少。師範大學 4 年的培訓期間，學生需修滿 210 學分，其中見習排在三年級（第一或第二學期）2 週的時間，並換算成 2 學分。而實習則排在四年級（第一或第二學期）8 週的時間，並換算成 8 學分，內容包含了解普通學校實際的教學、試教以及導師實習等（阮氏蕾，2016）。

　　越南政府每一次實施教育改革的同時，就是每一次師資培育的變遷階段，分別為「1945-1949 年：形成新的教育系統～識字者擔任教師」、「1950-1955 年：實施 9 年普通教育系統～開設高級師範院校」、「1956-1979 年：南北教育改革～南北師資培育制度」、「1980-1999 年：全國統一，12 年普通教育系統～師資培育發軔」等四階段，而每一個階段師範學校所培養的小學、初中、高中教師的學程採取的標準年限如下：

　　1. 短期師資培育班：7 年普通教育＋3 個月師資培育班。

　　2. 小學教師學程：1 年制中級職業教育，後來延長為 7、9 或 10 年普通教育 +1 年師資培育班。

　　3. 初中教師學程：1 年制中級職業教育，後來延長為 10 年普通教育＋2 年師資培育班。

　　4. 高中教師學程：2 年制中級職業教育，後來延長為 10 年普通教育＋3 年師資培育班（蔡玉鳳，2001）。

（八）非正式教育

　　1. 遠距高等教育。

　　2. 非正式高等教育：非正式教育是指「源自工作、家庭生活以及休閒活動等日常活動中的學習行為」。

　　3. 終身教育：開設終身教育的機構，除了一般學校、職業學校、高等學校有提供相關課程外，省、區終身教育中心和社區學習中心都是

主要的終身教育機構。開設的課程包含去除文盲及提升識字率課程（針對 15-35 歲人口）；特別課程（吸收特定知識、技術及科技而設立）；在職訓練、再訓練、職業能力升級課程（豆丁網，2015）。

4. 碩士教育：碩士教育一般為 2 年。越南國家級的研究單位如越南社會科學院、越南自然科學院、文化藝術研究院等，也是越南國家教育系統的組成部分，負有培養碩士以上高級人才的職能（sensagent, 2022）。

5. 博士教育：一般為 4 年。

第三節　教育革新

壹、越南教育面臨諸多問題

一、外資投入過度集中在勞力密集產業和藍領勞工

隨著全球化與創新科技高速發展的趨勢，國與國之間的貿易往來與文化交流，帶來了新的競爭和挑戰，使國家經濟文化教育結構的調整勢在必行，越南的產業升級有賴引進外商的直接投資（Foreign Direct Investment, FDI），但是獲益的產業卻集中在勞力密集產業和藍領勞工，並沒有直接為受高等教育的學生帶來好處。相反的，高等學歷族群的失業率（4.49%），比起基礎教育程度的族群失業率（1.71%）高出許多（徐維邑，2021）。

二、越南的教育系統仍然面臨性別不平等、城鄉差距問題

越南國民的識字率已超過 90%，而且還在不斷增長。儘管如此，越南的教育系統仍然面臨空間和性別的不平等。在偏遠地區，獲得優質教育的機會有限，尤其是在初中階段。女學生和少數民族也面臨接受教

育和完成學業的問題。此外，由於書籍或校服等用品的成本已經是某些家庭總收入的五分之一，導致許多農村地區的孩子和來自低收入家庭的學生在 5 年的強制性義務教育結束後，選擇就業，或者在家從事農務工作（JustLanded, 2022; Education Destination Asia, 2022）。

三、越南高等教育學用不符產業所需問題

快速的經濟增長使正規教育的規模和範圍迅速擴大，但普遍認為，當前的教育體係不足以滿足國家的需求。對越南在教育領域的「成就」的樂觀評估已經讓位於該國缺乏熟練工人的認識。有些人甚至談到了「教育危機」。今天越南教育系統中發生的事情對該國的社會、政治、經濟和文化發展具有廣泛的影響（Jonathan Daniel London, 2011）。

英國文化協會（British Council）在 2020 年對社會議題的看法所發表的研究報告《下世代越南》（*Next Generation Vietnam*）指出，「學用落差」是越南青年認為當前高教待解決的嚴峻問題之一。該協會自 2009 年起針對經歷重大變革國家的青年（16-30 歲）進行研究，研究涵蓋年輕人對教育、就業和社會的看法。該份研究指出，越南大學生認為公立大學（占總高教數量 70% 以上）提供的課程不足以讓他們具備找到好工作的能力。比起國際學校和私立學校，公立學校較少提供理論課程以外的學習資源，例如現代職場必備的溝通能力、創造力、團隊合作、獨立思考等軟實力。除此之外，大學生也將部分失業和「低度就業」的原因歸咎於學校沒有給予適當的職涯輔導，缺乏對就業市場的認識導致學用落差，而雇主不願意雇用專業技能不足的學生，使得這些學生失業或是只能選擇技能要求較低且薪資較低的工作（徐維邑，2021）。

四、學校以教師為中心的教學方法，考試只重視死記硬背

目前越南整體的教育環境，正面臨幾個危機，像是課程內容不合時宜、以教師為中心的教學方式。儘管自 1990 年代以來，越南政策制定者一直在推廣更好的教學和主動學習方法，但講座式的死記硬背仍然是占主導地位的做法。在學校訪問中，以教師為中心的方法是常態，學生似乎習慣於被動地接受知識。學術研究與教學完全分離、只有理論而無實習的學習造成許多大學畢業生無法就業、越南學歷不被世界各國廣泛認可，這些都使得越南對於高水平教育環境有著龐大的需求（Asia Society, 2022；維基百科，2021）。

五、阻礙越南年輕人學習的障礙

阻礙越南年輕人學習的障礙有以下幾點：校園霸凌事件頻仍，欺凌、嘲笑、責罵層出不窮；高昂的學費，讓低收入的家庭陷入財務困境，子弟中途輟學者屢見不鮮；補習教育猖獗，學生對於課外補習倍感壓力；家長及學校過度重視學習成績，導致成績修改、證書造假事件頻繁；學校教育與就業工作技能未能接軌，導致退學率高，參加職業培訓班者反而可以馬上就業（陶氏瓊香，2020）。

六、有 43% 的學校擁有不符合標準的講師，而有 55% 的學校沒有足夠講師

根據 2018 年經 4 個授權評鑑機構對越南高教機構的評鑑結果，受評鑑的 122 所公立教育機構中，有 43% 的學校擁有不符合標準的講師，而有 55% 的學校沒有足夠講師。總體評鑑數據顯示，只有一所機構接近完全符合評鑑標準（符合 61 項標準中的 56 項），高達 83.8% 受評鑑機構甚至未能符合其中 9 項標準（徐維邑，2021）。

七、越南教育過度商業化

　　林志忠（2010）提及越南具體存在的教育問題包括：(1) 教育質量有待提升；(2) 忽視職業教育，且大專多集中在大城市；(3) 教師缺乏且素質低，特別是大學教師；(4) 學校硬體缺乏；(5) 教學計畫、教科書和教學方法進步緩慢；(6) 教育工作管理差，違紀現象未管制及教育商業化。

　　經過 10 年，越南高等教育已有相當大的進展，尤其國際化課程數量與學術論文產出，但也不可避免仍面臨相當多挑戰與威脅，其中包含政府過度管制、國家經費無法支持研究進行、研究產出品質不佳、品質保證制度無法落實及與國際接軌、畢業生失業率不斷攀升、教職員工作環境與待遇不佳等問題（Anha & Hayden, 2017）。

貳、越南教育面臨改革的方向

　　越南政府有鑒於以上種種問題，提出了以下各項教育改革。

一、改革開放後的越南：經濟轉型促進高教體制變革期（1986）

　　南北越統一後，隨著權力的集中，政府控制了該國的各個層面，切斷了私營公司和自由市場，給企業和農業帶來極大的影響。直到 1986 年，政府決定通過「Doi Moi」，即越南語中的「革新」或「重建」（Mongabay, 1987；Kelly, 2000）。其目標是開放更多元化的空間及分散經濟，進而取消該國的共產主義頭銜，代之以更加市場驅動的社會主義制度，藉由解放越南內部經濟和增加越南對全球化經濟共同體的貢獻來促進經濟增長和發展（Mongabay, 1987；Kathryn, 2008）。

　　這一個時期可以視爲高教發展重要的分水嶺。於此之前，越南所有的大學皆爲公立，且數量稀少，但是 1986 年實施經濟改革後，面對開放市場經濟發展、產業升級，迫使學生需要學習新產業知識，而就業市

場也急需受過良好教育的勞工投入（徐維邑，2021）。1998 年越南通過了第一部《教育法》，以鞏固「Doi Moi」改革的目標，並為教育發展提供法律框架（IRED, 2011）。

就教育而言，「Doi Moi」改革意味著更多的機構資金和更高比例的政府資金分配給教育系統（Kelly, 2000）。它還允許更多的機構私有化：「半公立」和「民資」機構愈來愈受歡迎，非公立教育在學前教育以及技術和職業培訓水平尤其受歡迎（Kathryn, 2008）。

1986 年後教育改革的特質：(1) 促進學校與社會合作；(2) 統包統分制的調整；(3) 教育經費多元化；(4) 教育多樣民族化；(5) 教育培育過程靈活化；(6) 教育現代化與發揚民族傳統（林志忠，2018）。

二、政府承諾增加預算，全面改善教育體系

教育在越南被視為國家優先事項，儘管越南的教育體系有其不足之處，但政府已承諾隨著預算的增加和不斷的發展，全面改善教育體系。除了低師生比外，越南的小學畢業率也很高。政府還推出了「基本學校質量水平標準」，以提供普遍接受教育的機會，並確保每所小學都滿足最低條件（Education Destination Asia, 2022）。

三、從國外汲取靈感、開發創新的教學方法

越南熱切地從國外汲取靈感。其專家定期研究韓國和新加坡等高績效國家的課程改革。該國還參加了幾項倡議，重點是開發創新的教學方法（如從哥倫比亞改編的 Escuela Nueva 試驗）和更深入的學習技能（包括東協研討會）。此外，新的 K12 和高等教育改革納入了從以前的改革中吸取的經驗教訓（ASIA Society, 2022）。

四、提高學校和師資素質

教師是越南的名譽職位，每年的 11 月 20 日是教師節，全國各地的學校、學生和家長都會慶祝這一天。此外，由於從小學到高中大多數教師都是女性，因此越南婦女節和國際婦女節也同樣慶祝。但是，由於教師的月薪很低，約為 7 千至 1 萬 2 千元臺幣，因此通過兼職（補習、家教等）來賺取生活費是常識。此外，很多家長都是通過 SNS 與老師進行個人接觸，可以說與老師的距離是相當近的（ベトナム語翻訳・通訳会社はるか，2019）。

近年來，越南擴大了入學人數，同時為全國學校設施制定並執行了最低質量標準。教師素質也很重要，越南通過使其教學隊伍專業化並圍繞教師的專業知識和技能培養建立標準，奠定了堅實的基礎，越南的教育氛圍對於教師的重視肯定會有所改善（Asia Society, 2022）。

五、提升更高品質的課程標準以及教學和學習活動的品質

越南的下一步是提供更高品質的學校教育，為更多的年輕人培養更高層次的認知和行為技能（如創造性和批判性思維）。因此，教育培訓部正在與 K12 教育工作者合作進行雄心勃勃的改革，設計連貫、集中、高品質的課程標準，以優化學習並掌握內容和應用的知識所需（Asia Society, 2022）。在過去的 20 年裡，越南嘗試了一系列的高等教育改革，在擴大入學機會方面取得了良好的成果，但深耕品質方面卻尚未見其成效。在《2021-2030 年高等教育總計畫》中，教育部將現代化、提高品質、和加強研究和技術作為首要任務，佐以資金投入和結構調整，期盼高等教育能突破發展瓶頸。完善高等教育的核心涵蓋了教育制度的優化、課程設計的適切性、教育人員的素質提升、符合國際標準的學術研究，以及緊密聯繫的產學合作等方面的課題，以創造教育、就業及經濟三者之間更緊密的未來（徐維邑，2021）。

六、努力升級在線教育的基礎設施

在疫情大流行期間，越南將教育數位化視爲一項非常重要的任務，包括應用資訊和通信技術（ICT），課程數位化以及提高教師和學生的 ICT 能力，即到 2025 年所有教育設施都應用基於數位數據和技術的學校管理系統，數位教育在 2030 年將成爲高等教育系統的關鍵支柱，以及 100% 提供在線培訓計畫的高等教育設施。在疫情大流行後時期，越南決心恢復教學活動，並通過戰略計畫和承諾促進教育成就，以支持弱勢兒童、確保高品質和公平的教育（VNA, 2022）。

七、重視環境教育、加強世界各地教育系統的連結

在氣候教育政策的討論中，越南駐英國大使館教育一等祕書陳香利表示，越南學校的環境教育在提高公眾對氣候變化的認識和促進當地社區和國際組織應對氣候變化工作的協調方面，發揮著重要作用，並補充說，高等教育機構也參與了環境工程師和講師的培訓以及研究項目的實施。她強調，越南將繼續促進國內外教育機構在教育方面的國際合作，特別是在教育研究和數位化方面的合作，以提高教學和學習活動的品質以及越南的教育環境。今年，它專注於如何優化技術、人工智慧和經驗，以加強世界各地的教育系統和經濟的連結，論壇還重點討論了各國如何利用有限的資源發展教育系統（VNA, 2022）。

八、外資企業日增、英語日趨重要

越南教育培訓部負責監督該國的教育體系。多年來，教育部對該國的教育體系進行了許多改革，包括使英語在國家課程中占更大的比重（Education Destination Asia, 2022）。自 1997 年起各大學入學考試增加外文項目、開放私人興學、將普通中學改制爲專科中學、積極鼓勵公職人員學習外語，特別是以英語作爲升遷參考依據，英語日趨重要由此

可見（Xuite, 2007）。尤其許多外資企業在越南設立了業務，且外資企業的薪資水平高於當地企業，在這樣的外資企業工作，語言能力變得非常重要。在越南最流行的語言是英語，其次是日語。語言不是一蹴而就的，而是通過日常習慣提煉出來的，如果可以讓孩子們養成習慣，將來肯定會成為有用的工具（金城綠，2021）。

九、鼓勵出國進修

美國越南文化教育學院院長陳升（Tran Thang）表示，愈來愈多的中產階級家庭的目標，是讓他們的孩子進入英語教學的國際學校，這樣他們就更容易在包括美國在內的英語系國家上大學。「每年有超過 2 萬名越南學生在美國學習，他們的大學愈來愈成為越南學生的目的地。因此，我相信美國教育投資越南的潛力更大，因為市場顯然對此感興趣。」越南美國商會（AmCham）教育和勞動力發展委員會主席 William Badger 指出。根據格蘭特‧桑頓（Grant Thornton）對越南的一份報告，幼稚園和 K12 學校將繼續是最大的投資領域，包括新機構、併購以及一些私募股權交易（Linh Le, 2022）。

調查顯示，儘管出國進修的高成本是許多學生主要擔憂之處，但是越南學生仍然認為美國是一個「科技先進的國家」，擁有「優秀的高教體系」和「廣泛、多元的課程」。除此之外，學生到美國的流動性似乎也受到現有移民網絡的影響——在美國加州和德克薩斯州就讀的越南學生人數最多，這兩個州是越南移民最集中的兩州（World Education Services, 2017）。

在過去 10 年中，從越南招收的學生數已經起飛。目前有超過 12 萬 5 千名學生在國外學習。越南擁有 9 千 7 百萬人口，其中約 60% 的人年齡在 35 歲以下，是亞洲最大的招生市場之一（Education fair, 2022）。

十、開創高科技教學的美國式大學

1999 年，Binh Tran 博士在越南開設了第一所美國標準大學（AUV），於 2015 年被政府認定爲第一所美國式大學。AUV 的使命是激勵一個知識社區，讓畢業生在多元化和快速變化的世界中爲生活、工作和領導力的挑戰做好準備。該大學提供基於價值的知識，灌輸終身技能並培養個人價值觀，以有效地發揮當地行爲者和全球公民的作用。確保優質教育是一項相當艱巨的任務，其中技術的進步和持續的創新使教育工作者難以跟上行業要求。基於此原因，AUV 開發了一個學生、業界和教師共同努力的課程，使課程與當今的行業要求相互連結。爲了承諾和提高校園內學生、教師和業界的參與度，AUV 爲其學生提供了各種工作室、專案教室和研討會。尤其是 COVID-19 大流行給世界各地的教育部門帶來了許多挑戰，即使在那困難時期，AUV 也努力爲離線和遠端學習者提供必要的設施，發揮以團隊爲中心的辦公室，結合科技的工作站、無縫的互動式硬體 / 軟體系統以及其他 Ed-Tech 手段，落實遠距教學課程（The Knowledge Review, 2022）。

參考文獻

1. Xuite，〈越南教育制度〉。2022 年 8 月 10 日，取自網址：https://blog.xuite.net/darrenk543/wretch/137013101-%E8%B6%8A%E5%8D%97%E6%95%99%E8%82%B2%E5%88%B6%E5%BA%A6。

2. 百度，〈越南被法國殖民多長時間〉。2022 年 7 月 8 日，取自網址：https://zhidao.baidu.com/question/936538543069663052.html。

3. 李平絨，2019，〈新制度理論與越南教育體制的治理改革〉，《臺灣期刊比較教育》，第 87 期。

4. 李志忠，〈越南多元教育制度歷史發展之探究〉。2022 年 7 月 8 日，取

自網址：https://max.book118.com/html/2018/0102/146887193.shtm。

5. 豆丁，〈越南教育發展概況〉。2022年7月8日，取自網址：https://www.docin.com/p-1047123467.html。

6. 阮氏蕾，2016，〈越南師培生免學費政策執行之探究〉，《臺灣教育評論月刊》，5（4），頁159-165。

7. 侯永琪、胡馨文、林俐，〈近十年越南高等教育發展及挑戰〉。2022年7月8日，取自網址：https://www.heeact.edu.tw/media/15061/p43-45.pdf。

8. 胡茹萍，2014，〈臺灣技職教育輸出越南之策略芻議〉，《臺灣國際研究季刊》，10（1），頁29-43。

9. 范玉翠薇，〈越南的民族教育體制〉，《原教界》，第78期。2022年8月10日，取自網址：https://alcd-web.s3-ap-northeast-1.amazonaws.com/uploads/2017/12/14/30d63faa98f93dace29325af74ed5b2d.pdf。

10. 徐維邑，〈越南高等教育改革的歷史、困境與挑戰〉，《南洋誌》。2022年7月8日，取自網址：https://aseanplusjournal.com/2021/09/07/vietnam-higher-education-reform/。

11. 張氏清，2019，〈論越南教育制度受法國殖民的影響〉，《臺灣教育評論月刊》，8（9），頁106-110。

12. 張海暘，〈漫談越南教育〉。2022年7月8日，取自網址：https://www.master-insight.com/%e6%bc%ab%e8%ab%87%e8%b6%8a%e5%8d%97%e6%95%99%e8%82%b2/。

13. 陳立，2005，〈論法國殖民統治下的越南教育〉，《世界歷史》，第5期，頁67-76。

14. 陶氏瓊香，〈阻礙越南年輕人學習之障礙〉，教育部生命教育全球資訊網，駐越南代表處教育組。2022年7月8日，取自網址：https://life.edu.tw/zhTW2/node/745。

15. 越南古與今，〈54年前越南民眾舉行活動紀念南北分裂，製作胡志明

人偶抗議北越〉。2022年7月08日,取自網址：https://www.xuehua.us/a/5eb590d286ec4d1abb5ad443?lang=zh-tw。

16. 黃照耘,2006,〈法國教育行政〉,載於江芳盛、鍾宜興主編,《各國教育行政制度比較》,臺北市：五南,頁301-354。

17. 維基百科,〈越南教育〉。2021年12月10日,取自網址：https://zh.wikipedia.org/zh-tw/%E8%B6%8A%E5%8D%97%E6%95%99%E8%82%B2。

18. 維基百科,〈越南第二次北屬時期〉。2022年06月22日,取自網址：https://zh.wikipedia.org/wiki/%E8%B6%8A%E5%8D%97%E7%AC%AC%E4%BA%8C%E6%AC%A1%E5%8C%97%E5%B1%AC%E6%99%82%E6%9C%9F。

19. 臺越高等教育交流中心,〈越南教育系統〉。2022年8月10日,取自網址：http://studyintaiwan.linker.tw/cv_education.php。

20. AGSグループ,〈ベトナムの教育〉。2022年8月10日,取自網址：http://ags-vn.com/ja/weblog/35555.html。

21. CyberAgent,2013,〈教育関連——ベトナム。ベトナムでの教育の概要と特色人の就学状況〉。

22. Iconic Group,〈小学校は5年間、中学校は4年間？ベトナムの教育事情とは〉。2022年8月10日,取自網址：https://iconicjob.jp/blog/vietnam/education。

23. Yappan Go,〈ベトナムの教育制度について教えてください〉。2022年8月10日,取自網址：https://www.yappango.com/faq/kijin-edutainment-05.html。

24. はるか,〈ベトナムの教育制度〉。2022年8月10日,取自網址：https://haruka-trans.com/about-vietnamese/%E3%83%99%E3%83%88%E3%83%8A%E3%83%A0%E3%81%AE%E6%95%99%E8%82%B2%E5%88%B6%E5%BA%A6/。

25. ストラテ，〈ベトナムの教育マーケット事情〉。2022年8月10日，取自網址：https://www.atglobal.co.jp/strate/13975。

26. デジタル貿易・新産業部，〈ベトナム教育（EdTech）産業調査〉，日本貿易振興機構（ジェトロ）。2022年8月10日，取自網址：https://www.jetro.go.jp/ext_images/_Reports/02/2021/db6cdef49e854b9a/202101.pdf。

27. 金城緑，2021，〈ベトナムの教育事情──子どもたちへの教育に未来を託す親たち〉，Tsukishima Soko Vietnam，《沖縄海邦銀行かいぎんエコマガ》。

28. 西和春，2021，〈今後のベトナムを担う若者はどんな教育を受けている？経済成長著しいベトナムの教育を知ろう〉，LocoBee。

29. 日本學生支援機構，〈ベトナムの教育制度〉，海外留學支援サイト。2022年7月8日，取自網址：https://ryugaku.jasso.go.jp/oversea_info/region/asia/vietnam/info_vn_education/。

30. Angloinfo, 2022, The Vietnamese Education System. Retrieved from: https://www.angloinfo.com/how-to/vietnam/family/schooling-education/school-system.

31. Anha, L. T. K, & Hayden, M., 2017, The road ahead for the higher education sector in Vietnam. *Journal of International and Comparative Education, 6* (2), 77-89.

32. Asia Society, 2022, Education in Vietnam Strengths, Challenges, and Opportunities. Global cities education network. Retrieved from: https://asiasociety.org/global-cities-education-network/education-vietnam.

33. Education Destination Asia, 2022, School Education System in Vietnam. Retrieved from: https://educationdestinationasia.com/essential-guide/vietnam/education-system-in-vietnam.

34. Education fair, 2022, International Education Fairs Vietnam. Retrieved

from: https://www.educationfair.nl/event/international-education-fairs-vietnam/.

35. IRED. n.d.a., 2013, Overview on Vietnam's Education System. Retrieved from: http://www.ired. edu.vn/en/EducationInVietNam/Read/overview-on-vietnam-s-education-system.

36. Jonathan, 2011, Education in Vietnam. Retrieved from: https://www.researchgate.net/publication/297968340_Education_in_Vietnam.

37. Just Landed, 2022, The Vietnamese education system Structure and reforms. Retrieved from: https://www.justlanded.com/english/Vietnam/Vietnam-Guide/Education/The-Vietnamese-education-system.

38. K12 Academics, 2022, Education in Vietnam. Retrieved from: https://www.k12academics.com/Education%20Worldwide/education-vietnam.

39. Kathryn, 2008, Education in Vietnam, Good Design Web. Retrieved from: https://sites.miis.edu/educationinvietnam/about-kathryn/.

40. Kelly, & Kritsy, 2000, The Higher Education System in Vietnam. WENR. Retrieved from: http://www.wes.org/ewenr/00may/feature.html.

41. Lin Le, 2022, Local education ripe for levelling-up. Retrieved from: https://vir.com.vn/local-education-ripe-for-levelling-up-93322.html

42. NIVT, 2012, Viet Nam Vocational Training Report 2011. Retrieved from: https://www.academia.edu/8893761/Viet_Nam_vocational_traning_report_2011.

43. Sensagent, 2022，〈越南教育〉。Retrieved from: https://pse.is/4p7tek.

44. Stefan Trines, 2017, Education in Vietnam, World Education Services. Retrieved from: https://wenr.wes.org/2017/11/education-in-v ietnam.

45. The Knowledge Review, 2022, American University in Vietnam: The Epitome of Quality and Liberal Education in Vietnam. Retrieved from: https://theknowledgereview.com/american-university-in-vietnam-the-epitome-of-

quality-and-liberal-education-in-vietnam/.

46. VNA, 2022, Vietnam shared experience in education services at 2022 Education World Forum. Retrieved from: https://en.baoquocte.vn/vietnam-shared-experience-in-education-services-at-2022-education-world-forum-185177.html.

47. Wikipedia, 2022, Education in Vietnam. Retrieved from: https://en.wikipedia.org/wiki/Education_in_Vietnam.

48. World Bank, 2010, Education in Vietnam. Retrieved from: https://www.academia.edu/7403627/EDUCATION_IN_VIETNAM_DEVELOPMENT_HISTORY_CHALLENGES_AND_SOLUTIONS_Introduction_Overview_of_Vietnam_Significant_Achievements_Purpose_of_the_Report.

49. Yuan, Y. R., 2018, The potential in the Vietnamese higher educational sector and the main areas of interests of the Vietnamese universities. Retrieved from: https://www.britishcouncil.vn/sites/default/files/09.00-09.45-opening_plenary-assoc._prof._tran_anh_tuan.pdf.

Chapter *3*

越南的藝術與文化

許淑婷[*]

[*] 美國斯伯丁大學教育博士，現任環球科技大學通識教育中心副教授。

第一節　藝術文化

　　越南文化藝術的發展，主要是受到區域內外因素的相互影響而成。在區域內的因素如印度教、占婆文化、東南亞及中國文化；區域外因素則是美國、法國等西方文化的影響。在越南整個歷史發展中，受到中國的佛教、道教與儒家文化的統治與語言模式影響，所以越南藝術文化是建立在中國文化的基礎之上。越南是一個宗教信仰多元化的國度，有佛教從印度和中國傳入，也成為李朝的國教及深入京族人的心靈（越南人民報，2017）。

　　根據2009年越南調查人口的報告，越南京族人口約7千4百萬人，占越南總人口的85.7%。越南京族人口中有70%是農民，他們非常熱愛多彩的大地，平日在耕種、紡織時都會唱著民謠，而舞蹈則成了京族人主要藝術表達的方式之一。這些都是為了要描繪歌頌農民辛苦勤勞耕種的一面，更感謝勇敢的祖先給他們帶來富足的生活。京族人很擅長編織、紡織、製陶、刺繡與手工業，平常他們也很喜愛歌唱，音樂上多以吟誦方式敘述音樂內涵，在節拍上以自由節拍居多，旋律上較多即興型裝飾音腔（劉喜，2022）。

　　越南這幾年來隨著經濟的發展，對藝術的發展日益擴大，政府相當鼓勵並推廣人們多多參與音樂與舞蹈的藝術表演。在這10年期間，越南舉辦一系列的音樂與舞蹈藝術活動，結合多國的友誼關係，建立了藝術交流的合作與空間，更打開了越南的藝術家在國際中所受到的好評；同樣的，收藏家、藝術組織、文化研究者亦獲得喝采。

　　為了提高越南人文化水準跟培養人文藝術氣質，越南政府於2015年提出了全民團結，建立起藝術文化生活運動為目標。這些年不斷大力投資藝術產業，因為該國認為文學藝術有助於提升越南人的身心靈，所以開創有文化發展音樂表演的政策與對藝術家提供資助，讓更多的越南

華僑藝術家能回到自己的家鄉貢獻。儘管當代越南藝術正在尋求一個平衡點與發展性，卻也積極融入國際藝術社會的立足點與突破政府的管制，更嘗試建立越南藝術文化，透過藝術與科技的結合，讓國家認可與打破民族主義對藝術文化設立的界線，以在全球藝術市場中占有一席之地，表現其真實的本土化觀點與突破（全民國防雜誌，2017）。

　　越南是一個多民族的國家，華人主要集中在胡志明市和南部的一些省分生活，是越南社會主義共和國的 54 個民族之一，擁有超過 42 萬人。華人主要的經濟活動領域是來自生產手工藝，包括製作陶瓷、壽衣、鞋類、香火、黃金首飾等。越南早期的陶瓷文化受中國的影響而成為東南亞最早生產釉陶的地方，8 百多年前有個陶瓷村，村內幾乎所有人都是從事陶藝工作，當時最具有特色而著名的是餐具、燈柱與裝飾品。

　　十五世紀開始，越南的陶瓷主要以青花彩繪聞名，結合了紅綠彩的特別風格，到了十七世紀後退回國內市場，則以茶碗、香爐、大甕、水缸、磚瓦、花瓶、祭祀品、花紋圖案為主。陶瓷產業在越南的各地村落以傳統的工作坊之模式生產，延續了釉色、陶瓷技術及傳統器形，再依照各地的自然人文特色去創作，成為日常生活所需的製陶文化，至日後市場經濟所產生的效益，亦成為現代化的陶瓷中心及往觀光產業的發展前進（蔣為文，2019）。近年來，越南的陶瓷工廠積極規劃生產，讓陶瓷的文化在市場上產量大增；如今華人生產的陶瓷產品，品質提高且設計相當多樣化，並將現代科技與傳統的技法融合，以高出口產值去達成國際標準。

　　在十九世紀初，越南藝術受到法國風格的影響；二十世紀初，法國殖民時期建立了許多藝術機構；許多的現代越南藝術家也學習法國傳統技術，如油畫、絲綢、漆器等，整個發展上融合出東西方文化交錯的獨特風格。儘管西方文化造就越南藝術文化的樣貌，但是當代的越南藝術仍然難以脫離社會與歷史脈絡的影響；而所留下的影響力，還是以寺廟

宗教、鄉村風景、神話故事等傳統元素，這些都是造就越南藝術文化上豐富的精髓（羅長山，2004）。

第二節　音樂文化

　　越南的政府對於國家的傳統音樂不斷地發展的過程，非常熱衷且大力扶持，使得傳統的音樂不至於消失。於十世紀至十五世紀，在民間音樂的基礎上形成了宮廷音樂，又融合中國宮廷音樂的特徵，到了十六世紀的後期，宮廷音樂逐漸衰落，故造成室內樂開始在民間流傳。此時，各式各樣的音樂風格陸續發展出來，如：儀式音樂、室內音樂、宗教音樂、宮廷音樂；隨後又出現了一些勞動與節日的歌曲，形成了愈來愈濃厚的傳統音樂色彩。越南的音樂從十五世紀末至十八世紀，越南的樂理（音階、調式），就使用「四宮音階」取代了中國的「五宮音階」，與越南語的六個聲調相契合，有滑音多、音域寬、音色美、共鳴泛音等特點。所使用的樂器與中國類似；目前越南普遍使用的民族樂器有笛、鑼、鼓、木魚、揚琴、月琴、琵琶、二胡、三弦、嗩吶、越南箏、獨弦琴等（維基百科，2010）。

　　於十九世紀開始，由於受西方文化的影響，越南現代音樂亦逐漸萌芽，在音樂上主要以民歌基調和歐式音樂風格為基礎。但是現在的人們已經愈來愈習慣電視、電影所出現奇特的音樂效果，對於傳統音樂的內容以及演唱的形式則感到枯燥無味。所以到了二十世紀初，越南現代音樂開始出現很大的進步和發展，如從革命歌曲、交響樂到大型電影配音樂等。在這樣的情況下，新的傳統音樂，也就是現代流行風格的越南音樂形式，成為娛樂與欣賞的媒介；為了取得更多元及更大化的發展，越南傳統音樂借助商業的力量與活動的舉辦來進行音樂的流傳和傳播（遊歆睿，2011）。

壹、越南京族音樂

越南音樂具有多元性，受到多種民族文化的影響，多元的音樂包括了民歌題材、情歌、曲調複合等（陳德遠、馮遠葵，2013）。

一、民歌題材豐富

越南人在富饒土地上盡情歌唱，唱出屬於越南人特有的風采，歌曲畫面大多描繪了越南的美麗自然景象和地理景觀，在民歌民謠中亦大量出現動植物。越南京族音樂的《南部民歌民謠》，是由 548 首民歌組成，民歌通常由兩個三音組構成，或由三音組結合四音組構成，而在民間演唱形式多為男女對唱，目前音樂的曲調有 3 百多種，現存的歌曲則有 5 百多種。

二、情歌久負盛名

主要流傳於越南北寧和北江兩省的京族北寧官賀民歌，於 2009 年被聯合國教科文組織列入「人類非物質文化遺產代表作名錄」。北寧官賀民歌共有 213 種不同的唱腔，在數量方面約有 4 百首歌曲，曲目表演形式以男女相對而歌，每一對男音或是女音都分為一個引唱、一個順唱，而兩個人的腔調必須和音，使人聽起來像同一個嗓音。

三、曲調複合

越南京族民歌的調式，基本音級為宮、商、角、徵、羽，以五聲宮調式為主，其次是羽調式，也有少量商調式和徵調式，民間舞蹈的伴奏音樂則以此調式為主，所使用的伴奏樂器有大鼓、月琴等。在敘述音樂內涵上多以吟誦方式，即興型的裝飾音腔，在旋律上大多在八度以內，節拍以散拍子、自由節拍居多。在民歌的部分，通常是由兩個三音組或四音組構成，而情歌對唱的特徵音調顯示則有純四度和大二度。

貳、越南樂器歷史

越南古代音樂受到多種民族文化影響，故多為寺廟音樂，包括早期的中國雅樂、道教音樂、佛教音樂、儒家音樂及其表演的方式，而所用伴奏的樂器早已傳入越南，所以越南民間音樂基礎也就融入了中國宮廷音樂。在西元十世紀以前，越南民族樂器已發展了一系列如打擊類樂器：鈸、鐘、鑼、鑔、竹琴、銅鼓；彈奏類樂器：越南箏、越南琵琶、京族獨弦琴、越南月琴、彈三；拉奏類：彈二；吹奏類樂器：簫、篴匏、笛、葫蘆笙（維基百科，2017）。

建國後的越南，受到周邊國家的影響，早期的音樂得到皇室的大力支持，主要以宮廷樂為主，亦受到中國和印度的影響，故較有名的是木管和弦樂兩種樂器。隨著中國對越南的統治地位提高，印度教文化對越南文化藝術的影響逐漸處於邊緣地位。在陳朝時期常見的樂器是青銅圓鼓，而較常在王室宴會與儀式上所使用的樂器包含二弦琴與七弦琴等。十五世紀末至十八世紀，越南樂器如月琴和箏在演奏所使用的樂理、說唱音樂等皆與中國類似；到了十九世紀，由於西方列強的殖民，越南開始出現以民歌基調為基礎的新興歌劇和歐式音樂風格，從此越南現代音樂逐漸萌芽（陳璐，2016）。

第三節　舞蹈文化

越南京族人口占了越南總人口 85.7%，是越南最大的民族，京族人民遍布全國各地，生活中孕育了更多姿多彩的藝術文化。而人口中有70% 是農民，所以農民在辛勤的勞作中總喜歡哼哼唱唱，不管是村寨文化還是河流文化，這種的勞動現象與旋律之美，便形成了越南京族人主要的舞蹈藝術表達方式。

越南的舞蹈藝術文化，如《鼓舞》的女舞者在前半段主要表現陰柔

之美，當鼓聲產生變化之後，女舞者的姿態就顯得剛性嚴謹，所以女性的舞蹈也不都是柔美的；相對的，男舞者也不都是剛強的，如《鼓舞》的舞蹈，男舞者在前半段就表現感性之美，後半段表現的才是陽剛之美（路明，2018；劉喜，2017）。

越南京族獨特的舞蹈文化中，南方舞者身著淺色長褲、蓋過膝蓋的深色長袖長袍；北方男舞者身著統一色的長褲和胯系腰帶、長袖長衫，同樣都是呈現「村寨式」特點。南北方的女舞者長髮多用頭繩繫之，樸素而不失大方。位於新湄公河平原上的越南舞者，穿的越南傳統服飾都較簡約樸實，舞者所穿的軟底鞋呈現「河海式」特點，舞者身上所搭配的舞衣偶而會加上些簡單風格的圖案點綴，顏色大多以白色居多，紅、黃、藍次之。而位於紅河平原上的舞者們穿著民間服裝，顏色則以紅、黃為主，服飾的款式與中國漢族民間舞服較類似，上衣貼身呈現婀娜多姿感，下衣則顯示出飄逸感，舞者穿著軟底平鞋，呈現「村寨式」特點（劉喜、顏彥，2018；劉喜，2022）。

越南是一個宗教信仰多元化的國度，京族舞蹈在各地均盛行，屬於主流民族的舞蹈，在傳統京族廟會中他們都會舉行祈禱、祭祀的典禮，舞蹈形式則多見於其中。京族舞蹈的種類相當繁多，有幾十乃至上百種，在越南傳統廟會和高校中得以傳承與保護，是越南本國遺產的奠基石。京族舞蹈藝術對越南藝術的文化肩負著傳承和發展的重任，亦是藝術寶庫中最重要的部分與遺產（韋慧梅，2011）。

壹、越南舞蹈分類

一、京族舞蹈按照舞蹈形式分類

　　1. 宮廷舞：包括諸侯來朝舞等 6 種舞蹈。

　　2. 宗教舞：包括佛教的陸貢舞等 2 種舞蹈和天主教的帝王生活舞等 5 種舞蹈。

3. 傳統歌舞劇：包括嘲戲舞等 2 種舞蹈。

4. 各種民間舞蹈：包括濯婆跳大神舞等 12 種舞蹈。

二、京族舞蹈按照舞蹈區域分類

1. 北寧、北江有虎舞等 5 種舞蹈。

2. 藝安有扇舞等 2 種舞蹈。

3. 海防有四靈舞等 2 種舞蹈。

4. 永福有仙舞等 3 種舞蹈。

5. 平定有濯婆舞等 2 種舞蹈。

6. 清化有春伐舞等 7 種舞蹈。

7. 太平有教旗舞等 6 種舞蹈。

8. 胡志明有影舞 1 種舞蹈。

9. 河內有划船舞等 6 種舞蹈。

10.廣平有四靈舞等 4 種舞蹈。

11.河靜有將班舞 1 種舞蹈。

12.河南、南定有仙舞等 4 種舞蹈（王雪飛，2016；劉喜、顏彥，2018）。

貳、京族舞蹈的特點

越南京族舞蹈主要是透過上肢的動作來表意與模仿，步伐抒情，於肢體形態上體悟生命，加上靈活的結構形態，生動地展現了勞動人民生活的勞作場景。例如在女子組合《鼓舞》中，舞者的雙手時而胸前交替畫圓，時而兩旁立腕橫手，接著隨著鼓聲的變換，舞者還能模擬雙手拉絲、單手拋絲等；並且結合音樂多元的渲染、豐富道具的烘托及服飾純樸的社會型態，來作為一種舞蹈表現生命的表達方式（阮志堅，2012；隆蔭培、徐爾充，2009；蔡雲峰，2015；劉喜，2022）。

一、重鄉情

早期越族的京族人，定居在越南北部及中北部，越南的文化生活與鄉村有關，主要是以農業、種植水稻為主。京族人擅長手工、編織、紡織、刺繡、陶器和工藝品。直到現在，越南京族人口有 70% 都是農民，在長期的勞動與生活中創造了這片鄉土上燦爛的舞蹈藝術文化，為越南舞蹈的流傳奠定堅實的基礎。

二、崇信仰

越南人的神靈崇拜與信仰，是越南傳統文化的一個重要組成部分，在京族的民間信仰主要是貢奉祖先、神仙及農業信仰。越南傳統的節日與民俗活動，舉辦的場所多在殿、亭和廟宇處。越南京族民間的舞蹈與風俗、禮儀與宗教信仰緊密相連，可以從舞蹈中的信仰動作中得到印證；如千手觀音在隊形變化中的造型，就是在舞蹈中做出雙手合十，越南信仰在這一刻已烙印在舞蹈的靈魂中。

三、舞圓韻

越南京族舞蹈的種類繁多，其中舞動圓形的姿態又稱之為舞圓韻，越南京族相信圓韻是順應事物變化的規律；而舞出圓韻的典型代表，最具京族特色的是在女子組合《春伐》中。舞動圓形的姿態稱之為舞圓韻之成因，或許與這三個因素有關：(1) 越南的宗教信仰有佛教與道教；(2) 受到中國傳統審美「外圓內方」的影響；(3) 藝術是從生活中來；其次舞動圓形姿態的動作還有扇舞 1（紅白扇）、扇舞 2（綠扇）、扇舞 3（黃扇）、仙舞、彈棉舞、四靈舞、銅雀舞、蕩仙舞等等。

四、展樂感

越南人民對人與自然的美好關係深信不疑，因此在藝術中展現出快

樂的情感，主要是相當滿足於生活現狀，越南京族的舞蹈演員在肢體流動上很有張力，音樂旋律明快又優美，整體給人愉悅感，所以越南的舞者所表現出來的舞蹈可說是擅長「展樂感」。

參、越南京族舞蹈的步法

京族舞蹈的基本步法在於「三字步」與「躬身碎步」。而基本動作，最主要是手部的突出，特別是手指的「輪指」與「轉腕」。在舞蹈表演中，通常樂師會在舞蹈進行中進行擊鼓來保持音樂的節奏，讓男歌伎進行和音，女歌伎能跟著音樂起舞並開始轉圈，同時也敲著雲板。另外京族女子不管雙手的木魚、扇子、輪指動作如何變化，舞者的舞動重心往往主要是下沉的，且大多落在膝蓋彎曲的下方，不管在行進中還是旋轉的形體上，皆呈現流動形狀及彎曲的婉轉美（陳俊玉，2014）。越南京族舞蹈在步法上簡單區分如下。

一、行走類的步法

行走類的步法主要是用腳跟先著地，使得步法動作較為平穩，在行進間的動作也會較有流水似的律動感。如扇舞的動作比較常見於出場與下場；而鼓舞的動作步伐較為緊張忙碌，大多出現於勞動中；最後一種步伐則是急速且寄望的步伐，多出現於表達愛情、親情之間的盼望之情。

二、律動類步伐

律動類這種步伐在音樂中與律動的發展較為明顯，高潮部分亦較相搭配。如群舞（斗笠舞）的步伐是變數的膝蓋屈伸律動，這種律動是不可少的，能豐富組合和作品；另外步伐還有比較簡單的節拍是直接通過膝蓋上下屈伸律動（劉喜，2022）。

肆、越南京族舞蹈動作影響

舞蹈是一種藝術形式，舞者用自己的身體去體驗，才能打破身體內外空間的界限，它不同於競技的體育跟雜技，更不是在追求機械的身體動作或完成某些技巧的藝術，重要的是須讓外在的動態與內在的意識相合，才能達到一種自由的溝通境界（劉曉雯，2012）。京族舞蹈在越南的國家屬於一種主流舞蹈，而舞蹈的種類有幾十乃至上百種，在各地的傳統廟會和高校中盛行並傳承與保護，越南京族舞蹈的動作受到以下因素的影響。

一、受勞動與農業影響

越南長久以來的文化都是以農業種植、捕魚為主的鄉村生活，也擅長刺繡、編織、手工藝品等製作。現在越南京族人口的 70% 都是農民，在長期勞動與生活中創造出了舞蹈文化，所以京族舞蹈的手與腳的位置特點，都是來自於生產勞動之變形。

二、受民間信仰影響

京族對神靈的崇拜包括天公信仰、財神信仰、圖騰崇拜、城隍崇拜等，這些都是越南傳統文化的重要組成。越南京族的民間舞蹈在風俗、禮儀間緊密相連，從舞者的雙手合十造型動作以及所使用的道具中，就可看到對信仰的崇拜所產生相關的元素動作。

三、受父系社會影響

越南男性地位在農耕社會上比較突出，意味著勞動力處於主要地位和父系社會有關。越南京族女性在兩性地位上的特徵較為內斂，在家庭中體現柔美溫和的一面，故在舞蹈表達中更婉轉、溫和，具有柔韌如水的特點。越南京族透過舞蹈同神靈達成溝通，舞蹈整體的動作所代表的

含義較爲莊重，動作除了柔美以外更加虔誠含蓄。

四、圓形形態

大致受三種因素普遍影響，第一是從生活中動作的提煉，都相當突顯圓的特點；第二是傳統審美「外圓內方」影響；第三是受到宗教信仰影響，如道教與佛教兩大宗教在審美上，多多少少都與圓形有所聯繫與相關（王怡凡，2020）。

參考文獻

1. 王怡凡，2020，〈跨境舞蹈文化對比——京族舞蹈〉，《職業教育與社會發展》。

2. 王雪飛，2016，〈我國民間舞種的發展與傳承〉，黑龍江省科學技術應用創新專業委員會科技創新研討會，《一月會議論文集》。

3. 全民國防雜誌，〈將黨的決議落實到生活〉。2017年10月2日，取自網址：http://tapchiqptd.vn/vi/dua-nghi-quyet-cua-dang-vao-cuocsong/phat-trien-van-hoa-viet-nam-theo-tinh-than-dai-hoi-xii-cuadang/9784.html。

4. 阮志堅，2012，《越南的傳統文化與民俗》，雲南昆明：雲南人民出版社。

5. 韋慧梅，2011，〈論京族民間舞蹈的傳承與發展〉，《歌海》，第6期。

6. 陳俊玉，2014，《淺談廣西與越南京族的舞蹈藝術》，第11期。

7. 陳璐，2016，〈淺談泰國與越南的音樂與舞蹈差異〉，《北方音樂》，第15期。

8. 陳德遠、馮遠葵，2013，《京族舞蹈教程》，越南河內：民族文化出版社。

9. 隆蔭培、徐爾充，2009，《舞蹈藝術概論》，上海音樂出版社。

10. 路明，2018，〈廣西京族舞蹈的藝術特色與傳承策略〉，《藝術家》，第12期。

11. 越南人民報，〈在新時期下，文學藝術的趨向和發展〉。2017年12月7日，取自網址：http://www.nhandan.com.vn/vanhoa/item/34941202-xu-huong-vagiai-phap-phat-trien-van-hoc-nghe-thuat-trong-tinh-hinh-moi.html。

12. 維基百科，〈越南音樂〉。2010年7月24日，取自網址：https://zh.wikipedia.org/zh-tw/%E8%B6%8A%E5%8D%97%E9%9F%B3%E4%B9%90。

13. 維基百科，〈越南箏〉。2022年9月18日，取自網址：https://zh.wikipedia.org/zh-tw/%E8%B6%8A%E5%8D%97%E7%AE%8F。

14. 維基百科，〈越南民族樂器〉。2017年5月25日，取自網址：https://zh.wikipedia.org/zh-tw/%E8%B6%8A%E5%8D%97%E6%B0%91%E6%97%8F%E4%B9%90%E5%99%A8%E5%88%97%E8%A1%A8。

15. 遊歆睿，2011，〈越南音樂研究綜述〉，《民族音樂》，第5期，頁18-19。

16. 劉曉雯，2012，〈空間、時間、氣息對中國民族民間舞的訓練意義〉，《文藝生活》，第9期。

17. 劉喜，2017，〈論京族舞蹈的原生態美學特徵〉，《大眾文藝》，第12期。

18. 劉喜、顏彥，2018，〈越南京族舞蹈之管窺〉，《大眾文藝》，第11期。

19. 劉喜，2022，〈越南京族舞蹈的文化研究〉，《藝術評價》，第1期。

20. 蔡雲峰，2015，〈簡析舞臺空間在舞蹈藝術中的作用〉，民族音樂，《大眾文藝》，第4期。

21. 蔣為文，2019，《越南文化：從紅河到九龍江流域》，臺北：五南圖書出版公司。

22. 羅長山，2004，《越南傳統文化與民間文學》，雲南昆明：雲南人民出版社。

第二篇

經濟與貿易

Chapter 4

越南經濟發展的現況與展望

許文志[*]

* 日本明治大學經濟學博士，現任環球科技大學中小企業經營策略管理研究所講座教授、
中華民國全國商業總會首席經濟顧問。

第一節　經濟發展的利基

壹、享受人口紅利

　　2019 年新冠肺炎（COVID-19）發生前 10 年間，越南的經濟成長（GDP）年平均成長率 6.3%，是東協（ASEAN）國家中成長最快國家之一。因為經濟成長快速，也促進資本市場的快速發展。越南的經濟發展從農業為主，逐漸轉型到工業和服務業。其產業轉型過程順暢的主因是得益於人口紅利。越南全國目前擁有 97,338 萬人（2020 UN The World Factbook），其中有近 5,650 萬人的龐大勞動人口，人口年齡中位數為 32.5 歲，56% 的人口年齡在 35 歲以下。假如以其年輕人口比率與東南亞地區其他國家相比，越南的人口組成是最年輕的，在東南亞國家排名第二，僅次於印尼。越南享受人口紅利，是經濟發展的利基動力之一。

貳、正在擴張成長的中產階級興起

　　另一項促進越南經濟發展迅速的原因，是越南國內服務業和高附加價值的產品消費能力增強。目前越南每月每人收入超過 700 美元的中產階級，約占越南全國人口的三分之一，預計到 2030 年，中產階級人口數會增加一倍。而且年輕人的中產階級思想觀念趨向開放。例如，年輕一代開始喜愛數位化、AI 現代化科技新產品，同時接受環保，更加關注永續發展的經營理念，促進經濟健康發展。可見，越南中產階級崛起的潛力，將為越南的金融服務、資訊科技、消費產品和綠色產品新型投資機會提供更具有吸引力的新市場。

　　以上越南經濟發展繁榮的利基因素，連結保險產品的服務業強勁投資需求，自 2015 年以來，投資成長 42.9%，遠高於平均壽險業的28.3%。吸引外資投入財富管理產業，各種開放式基金發達，前景樂觀。

參、中國「清零」，轉移越南，增加對美輸出

　　中國製造業不斷出走，越南是最大的受惠國家。2022 年越南第二季經濟成長（GDP）達 7.72%，創 11 年來新高。主要原因是越南的勞動力成本仍遠低於中國，中國廠每人每月約臺幣 25,000-30,000 元，越南廠每人每月約 11,000-13,000 元。例如，中國浙江五金配件廠工人的月薪約為越南的 2.5-3 倍。所以，工人工資成本部分，越南只有中國的三分之一。製造業工廠從中國移轉入越南，越南提供最低工資的勞工，同時提供勞工進入東協十國市場的機會。並享有歐盟、美國的優惠貿易協定，而中國製造業流入東南亞主要的產業都集中在紡織品、家具和電子產業的低階組裝，這些產品都是越南製造業的強項。雖然越南土地使用成本已經高漲，現在仍然低於中國。

　　再加上因中國疫情清零封控和檢疫措施嚴厲，阻礙生產和物流，造成工廠停工停產，引起製造業加速撤離中國轉移到越南。促使越南成為製造業的區域中心，包括韓國三星電子，約占越南出口總額的 20%。越南紡織品和服裝成衣的出口成長 19.5%，服務、旅遊業成長 10%，越南中部渡假中心的峴港觀光業成長 12.3%。同時，因越南國內疫情控制有方，確診病例減少而解除防疫限制，民眾自由移動增加消費。因此越南在 2022 年上半年，產品出口美國成長 22.5%，金額高達 559 億美元。

　　2022 年下半年蘋果擴大生產版圖，將手錶和筆電移轉至越南生產，首度在越南生產 Apple Watch 和 MacBook，臺灣夥伴以鴻海、仁寶為主力，並邀請紅色供應鏈指標廠立訊共同參與，可見兩岸蘋果供應鏈的競爭，一路從中國製造延伸至東南亞。

　　越南在科技製造技術能力顯著提升，以及美中貿易衝突、新冠肺炎疫情與中國封城等因素，加速蘋果擴大非大陸（中國、印度、巴西）產能的比重，鴻海目前已在越南生產 iPad 和 AirPods。同時蘋果與供應商共同在越南建立 HomePod 智慧音箱的測試生產線。

越南已經是鴻海在大陸以外最大的生產基地，員工超過 6 萬人，未來兩年將有大幅度人力擴增，鴻海越南廠相當有競爭力，為因應美中科技戰與緩解地緣政治風險的干擾，筆電代工廠廣達也於 2023 年 4 月 17 日宣布將前往越南設廠，預計投資 5 千萬美元。

由於鴻海、和碩、仁寶、英業達、緯創等業者都已陸續落腳越南，增加廣達揮軍越南後，臺灣六大電子代工廠越南布局全員到齊。對越南經濟發展貢獻重大。蘋果在越南有更大規模的計畫，將製造業分散至越南，調整生產路線，改變數十年來依賴中國生產所有蘋果產品的策略。

亞洲經濟的猛虎 —— 越南，2022 年經濟成長（GDP）8.02%，為亞洲最強。

越南自 COVID-19 發生以來，經濟深受打擊，又因中美經貿長期摩擦，左右為難。但因地緣政治關係，越南並未選邊站，經濟政策傾向親中和美，經貿左右逢源，利益優先。

中國因疫情嚴重，實施清零政策，全面封控，致使在中國的外資企業缺工缺運輸，被迫停工生產，受害之餘無法生存，因而紛紛遷往越南生產，為越南注入經濟活水與經濟成長新動力，越南不勞而獲、漁翁得利。加上近年來越南政情穩定，經濟發展異軍突起，2020 年在疫情之火未熄下，經濟成長如猛虎躍進，使亞洲各國刮目相看。

肆、越南與世界各國簽署FTA擴大經貿舞臺

一、越南參與之主要國際經濟組織

1. 聯合國（UN）及其所屬組織之會員國。
2. 東南亞國協（ASEAN）會員國。
3. 亞太經濟合作會議（APEC）會員國。
4. 世界貿易組織（WTO）會員國。

二、越南與世界各國已簽署之自由貿易協定（RTA/FTA）

1.《東協（ASEAN）自由貿易協定》（包括中國、日本、南韓、印度）。

2.《越南—日本經濟夥伴協定》（VJFTA）。

3.《越南—智利經濟夥伴協定》（VCFTA）。

4.《越南—南韓自由貿易協定》（VKFTA）。

5.《越南—「俄羅斯、哈薩克及白俄羅斯三國關稅同盟」經濟夥伴協定》（VRFTA）。

6.《越南—歐盟（EU）自由貿易協定》（EVFTA）。

7.《跨太平洋夥伴全面進步協定》（CPTPP）。

越南為減少對中國經濟依賴度，2015 年與南韓及歐亞經濟聯盟（Eurasian Economic Union, EEU）簽署自由貿易協定（Free Trade Agreement, FTA）縮減越南對南韓貿易逆差，並拓展出口至俄羅斯等國。同年完成與歐盟 FTA 及《跨太平洋夥伴全面進步協定》（The Trans-Pacific Partnership, TPP）之談判，加以東協經濟共同體（ASEAN Economic Community, AEC）於 2015 年正式生效啟動，面對全球區域經濟整合的趨勢及區域參與，對越南推動市場經濟相對有利，帶來越南投資及貿易商機。

另一方面，越南為降低對中國大陸經貿倚賴程度，持續加強與西方國家關係，1994 年美越關係正常化後，越南更積極加強經濟改革，開放和深化雙邊貿易關係。越南與美國在外交、軍事和經貿關係發展快速，美國不僅在 2013 年與越南建立全面夥伴協定（The U.S.-Vietnam Comprehensive Partnership）；2015 年 6 月簽署《越美國防合作願景聲明》，推動拓展兩國軍事合作關係；美國總統歐巴馬於 2016 年 5 月訪問河內，並同時宣布解除對越南實施武器銷售禁令，改善外交和經貿交流。

　　2017 年 1 月美國總統川普宣布退出 TPP，越南等 11 個會員國達成共識；2018 年會員國正式通過，在沒有美國的框架下持續推動既定協議經貿。展望未來對於會員國的貿易將產生積極影響力，對越南長期經濟發展和成長提供強力支持。

　　越南主要輸出商品包含：電話和手機、紡織品和成衣、電腦及電子產品、鞋靴。主要輸入商品為：電子產品、電腦及相關零件、機械設備和工具、電話、手機和相關零件、紡織品。

　　2018 年起，越南成功翻轉了對中國大陸經貿依賴度，出口美國產品增加為 19.7%，中國降至 17.3%，日本 7.9% 及南韓 7.6%。

　　越南藉由人口紅利充沛的勞動力、豐富天然資源（石油、天然氣和煤）加上政情穩定，陸續完成與歐亞經濟聯盟、南韓及《跨太平洋夥伴全面進步協定》等貿易協定，經商環境改善，吸引外資（尤其由中國移入的企業），促進產業轉型。特別由於中美貿易摩擦，使越南漁翁得利，在中國生產的訂單加速轉向越南，加速越南跨國投資與出口成長。

第二節　在越南產業投資，臺商的機會

壹、越南的在地產業投資措施及其內容

　　越南近年來推動發展在地產業，將汽車、鐵路、住宅、醫療產業設備，家電、半導體、電子零件產品列入在地製造業，計畫將製造業的電子零件和原料，全部在越南當地製造。例如，螺絲釘、承接齒輪、承軸加工、金屬和塑膠原料的供應等這些產業，幾乎都是街頭巷尾眾所周知的中小企業製造業。

　　依據日本貿易振興機構（JETRO）2019 年在越南的市場調查，越南當地的電子零件和原料供應率，日本僅占 36.3%，其餘多數依賴外國進口。越南本土供給力僅占 13.6%，其他都由外資的日本、韓國、臺灣等

企業供應。至 2022 年，越南此種經濟發展的態勢都沒有太大改變。

越南推動在地製造業的育成發展是工業化基礎，而目前越南欠缺的是人才和研發創新能力。因越南國營企業改革民營化的步伐緩慢，發展本土製造業的能力有限。發展模式從設計零件、製造、組合、供應一條龍的方法能力不足，問題在於人才欠缺，研發創新能力亦不足。而民營企業雖較彈性，但資本力、技術力都不足，無法擴大生產線規模，也無力改善產品品質，低品質的產品一直是越南工業化無法突破的困境。

實際上，現在越南的製造業、紡織業的原料有 50-60%，汽車製造業的下游零件有 90-95% 都由外國輸入。

越南為發展在地製造業，大量引進外資，開發高品質、低能源消耗的高級產品。依據越南工商部 2015 年公布，在合併後能提供高品質零件的企業共 230 家（其中外資占 80 家），其資本總額 2 萬 6 千億美元，三分之一是外資，可見越南發展在地製造業資金非常缺乏，對越南發展製造業相當不利。

前述已分析過，越南本土製造業幾乎都是中小企業，因此，越南政府採取優惠措施大力支援中小企業減少成本，提升競爭力，協助中小企業的發展。除了用地優惠外，更在稅制上採取優惠措施，針對中小企業法人稅和輸出入關稅實施優惠。越南中小企業在經濟發展上發揮了重大的功能。政府為解決上述困境，針對製造產品研發和培育人才，公布國家戰略計畫「社會經濟開發十年」，至 2020 年要達成工業國之計畫已經落空。但，為發展在地製造產業訂定 6 項具體的未來重要目標：

1. 電子產業。
2. 農業機械。
3. 造船。
4. 汽車。
5. 農水產加工。
6. 環保產品（省能源的機械等）。

　　上述產業在越南在地生產遇到瓶頸，關鍵在欠缺人才和研發能力。依據越南工商部 2021 年 6 月公布，現在越南 5 萬 8 千家製造零件的製造業，僅有 650 家達到標準。越南政府深刻體認在地製造業尚未成熟，對越南經濟發展極為不利，必須對在地產業制訂投資獎勵政策，其具體重點如下：

1. 稅制優惠。

2. 企業法人稅前 4 年免稅，以後 9 年減半。

3. 專業人員於在地製造業指導銜接移轉者，個人所得稅減半（2020 年實驗政策）。

4. 為製造產品由外國輸入零件成為固定資產者，免其關稅。

5. 補助培育人才及研發創新經費。

6. 對技術團隊的教育、研發創新給予 50% 經費補助（以半年為限）。

7. 補助廣告費和商標登記費。

8. 補助國內外的貿易參訪或產品展售及市場資訊蒐集經費。

9. 在地製造業的融資優惠。

10.融資利息優惠（一般融資的 8 折以下，限 10 年）。

11.對在地製造業群聚的企業，租地融資可分期繳納本息。

12.在工業區外投資製造業，限 11 年內土地租金減半。

　　為提高廉價勞動人力的薪資和勞動者素質，制定獎勵辦法。因為越南多數集中於勞動密集型產業，而工資低廉，不僅是製造業和其他產業，勞工都紛紛移轉到工資較高的國家，因此，必須將產業轉型升級為資本密集型產業。

　　上述投資獎勵政策，必須要有效實施，方能促進越南在地製造業加速發展。

　　綜合上述越南投資獎勵措施，自 2011 年 4 月 5 日施行以來，積極推動在地產業發展，茲依此法規再加以重點分析：

第 1 條：規定獎勵範圍限定在機械製造、電子、通信資訊、汽車零件組合、紡織、皮革、服裝產業，先端技術的開發等各事業領域，對在地製造業給予獎勵。

第 2 條：在地產業指定的範圍是原料、零件、半製品的製造、生產原料、消費財完成品的製造組合的工業。

第 3 條，第 3 項，第 3 目：在地產業製造產品屬於中小企業，一律以中小企業獎勵標準支援之。為提升技術能力，技術水準和人才培育，創新研發，均屬投資獎勵之範圍。

第 3 條，第 5 項：特別針對中小企業發展，政府提供資訊，和專家諮詢的協助。

第 3 條，第 6 項，第 4 目：針對先端技術創新研發，製造產品的計畫，給予融資優惠協助。

越南政府為促進在地產業發展，2020 年公布法令，內容為至 2030 年政策目標：在地產業的產品要在國內生產，其中消費需求的 70% 占全國工業生產額約 14%，要求約 2 千家企業在國內生產，且具備能與跨國企業直接供應產品的能力。

在零件、材料等具體目標：金屬零件、塑膠、橡膠產品、電子產品的育成和生產，2025 年到達越南國內工業產品零件需求的 45%，2030 年供給國內需求的 65%，促進零件和零件材料產品的高科技產業的發展。

在紡織、皮革類的在地產業：發展紡織、皮革材料、零件材料。至 2025 年，國內紡織製造產業要達成內需的 65%，皮革類產業要達成內需的 75-80% 的目標。

高科技導向的在地產業：生產高科技資材、專用資通信設備，發展服務業和高附加價值產業，開發專用資通信設備企業系統，高科技產業技術移轉。

為達成上述目標，越南政府揭舉 7 項促進在地產業發展策略。

1. 修改法規和改善政策：制定在地產業優先製造產業獎勵特別措施，並有效執行。

2. 要求確保在地產業發展的資源有效利用，實現在地產業和育成各種優先製造業投資政策。

3. 財政、融資相關政策持續適用：在地產業和各種優先產業，在金融機關短期融資利息給予優惠。

4. 建立在地產業評鑑平臺，誘致投資的效果，促進經營連接可控性。越南企業與跨國公司，透過國內外生產促進企業合作，形成國內產業平臺，創新商機。

5. 市場的育成和保護：為創造在地企業和各種優先產業的企業發展條件，實施市場育成和保護。

6. 提升在地產業的企業技術能力：支援在地產業和各種的優先製造業。依據基礎需求、發展目標進行資源分配，中央機關支援地方中期投資資金，設立發展在地企業技術中心，達成營運綜效。

7. 政府提供科技資訊、統計、蒐集應用資訊：促進越南的供應企業和跨國企業合作，設立在地產業和各種優先製造業的資訊蒐集統計系統，強化政府的管理效果、效率，提高統計業務品質，確保適時正確的資訊。

貳、臺灣工業化經驗有能力協助越南現在推動的六項目標：工業化創造新商機

1. 電子產業。

2. 農業機械。

3. 造船。

4. 汽車。

5. 農水產加工。

6. 環保產品（綠能、風能、太陽能、水力發電、省能源機械等）。

除汽車外，其中 5 項都是臺灣工業發展的強項，如臺商能運用臺灣工業化發展的強項和中小企業的優勢投資越南，尚有一片廣大的空間。而紡織、製鞋、成衣等本來就是越南傳統產業的強項，臺商不必再錦上添花投資。尤其在東協各國低工資競爭下，利潤微薄，且原材料高漲，臺商可以不必考慮再投資。

在電子零件、家電、半導體、LED 照明產品、數位元宇宙、AI 醫療等領域，亦是臺灣的強項，未來都值得臺商投資。越南年輕一代，已經開始接受科技型產品的消費，越南中產階級人口已占三分之一，中產階級的突起，在服務業、資通訊網路、金融科技等市場消費力增加，發揮越南經濟發展的潛力順勢爲之，值得臺商把握時機，去開拓新領域、新商機。

將來臺商赴越南投資，最大的挑戰和競爭者，是地緣政治關係的中國廉價產品、日本的家電、韓國三星電子以及新加坡、泰國觀光產業的競爭。

臺商於 1988-2020 年在越南投資案共 752 件，投資金額達 33 億美元。爲越南第 4 大外資來源國，僅次南韓、日本、新加坡。2020 年臺商在越南投資金額共計 20 億 5,840 萬美元，較 2019 年同期成長 12%，居外資第 5 位。

參、臺資銀行赴越南投資的現況與未來

1. 1993 年慶豐銀行在越南河內設立分行，是臺灣第一家在越南設立的據點。

2. 1995 年中國信託商銀在越南設辦事處。

3. 1996 年慶豐銀行在越南設第二個據點。

4. 1996 年中國信託商銀進駐越南。

5. 1998 年聯邦銀行在越南胡志明市設辦事處。

6. 1998 年國泰世華銀行趁著亞洲金融風暴，入股世越銀行（Indo-

vina Bank），與越南國營越南工商銀行（Industrial & Commercial Bank of Vietnam）各持有 50% 股權。

近幾年，臺商陸續將在中國大陸的生產基地遷移至越南，因此臺灣的銀行進軍越南的腳步更快速。據臺灣金管會統計，目前已有慶豐、中國國際、中國信託、聯邦、建華、第一、華南、國泰世華、台新、土地及上海等 11 家臺資銀行在越南設有分支機構。

臺資銀行在越南都能維持一定的利潤空間，所以臺商赴越投資、臺資銀行赴越設點逐年增加，除臺商在越潛在商機外，越南公營事業放款亦是外銀看好的市場，如電力公司、水利公司等公營企業都是外銀爭取的利基。由於越南經濟發展龐大商機的誘因，可預期臺資銀行在越南發揮的空間大、利潤多。尤其臺商在越南七成以上都在胡志明市（南部）及周邊區域，其次是河內（北部），將來臺資銀行可望進一步擴大服務範圍至越南的中部，如峴港觀光渡假區。

臺資銀行和臺商在越南的投資，是越南經濟發展利基重要動力之一。

肆、臺商赴越南投資的挑戰與風險

依據作者六度實地考察越南經濟發展的參訪看法，提供有意赴越南投資的臺商參考挑戰和風險。

作者自 2005-2015 年間，六度親赴越南。除參與各大學經貿學術研討會外，實地參訪各地方產業，尤其針對越南的中小企業，訪談當地企業主或員工及一般民眾，深刻感受到越南在經濟和教育發展仍然問題重重，尚待改革。

一、經濟基礎建設尚待大力加強整合

諸如都市基礎建設、道路、電力、下水道、民生自來水系統、運

輸、通訊網路等。軟體經濟活動的基礎建設，如公共道德、守法精神等都市秩序都相當缺乏。除南部胡志明市稍具現代化都市氛圍外，如北部首都河內，可以見到郊區老舊破落。就交通來說，汽車、牛車、腳踏車、客貨車、三輪車混雜在沒有畫設斑馬線的道路上。尤其下雨時泥水氾濫，一片汪洋形成水上人家的奇景。機場、港口設備都相當老舊。貫穿越南南北大城市河內和胡志明市之間的高速公路和高速鐵路，數十年來只見計畫和口號，何時能落實完成遙遙無期。通訊網路國際連結緩慢進行。據 2022 年越南政府公布訊息，要到 2050 年才能完工。

二、銀行金融體系脆弱尚待補強

近年，由於外資大量投入，越南產業發展增速，對銀行融資需求件數倍增（20-30%），但因銀行體系不健全，資產品質下降，風險仍然存在，帶來銀行不良放款率接近 10%。越南教育體制缺乏長期培育金融管理人才。因此，在金融管理人才不足、改革無方情形下，政府鼓勵年輕人紛紛出國，向先進而金融系統健全的國家學習。

例如 2022 年，據我國教育部公布，臺灣的境外生一向都是馬來西亞留臺學生占第一位，110 學年度越南留臺學生達 18,755 人，超越馬來西亞學生，因爲臺灣相較於歐美，學費、生活費低廉，加上中文優勢，越南來臺學習企業和金融管理、證券和保險制度的學生占 80% 以上，可以印證越南政府知己知彼，企圖急速補足越南金融改革人才的不足，增強金融體系的脆弱，經濟才有可能繼續發展成長。

三、教育環境、設備、師資和教材總體水準尚待提升

作者赴越參加學術研討會，並參訪各級學校，環境多數老舊雜亂，缺乏整體規劃，建築物等硬體設備，包括教學研究設備都相當簡陋，與臺灣相比差距很大，尤其大學內師資少有出國留學的教授，教材

也相當陳舊。至今，國民能上大學受教者比率不到 30%，尤其在企業、金融科技等領域人才相當缺少，如河內大學、海防大學，整體教育水準都尚待大力提升，除胡志明地區的大學水平比較現代化外，全國整體教育投資建設尚待加強。

教育是國家明天的希望，青年是國家明天的資產。有些留臺研究生和作者遠赴日本參加學術研討會並參觀日本產業後，我問他們的感想，他們悲觀地說：「看了臺灣，又看到日本，我感到越南沒有希望。」我鼓勵他們：「所以，越南要靠你們回去為祖國建設，創造越南明天的希望。」教育水準提升、培育人才、創新研發，是發展經濟的動力利基。教育發達與經濟發展是生命共同體，在越南現在還看不到這個共產黨社會主義國家的教育與經濟政策密切連結的作為。

伍、臺灣如能將越南挑戰和風險轉變，對臺商投資越南有利

對照今天的臺灣，高等教育資源豐富，因受少子化影響，教育設備空間多餘，雖然都是亞洲一流的水準，但是教育部缺乏高瞻遠矚的政策，來善用臺灣高等教育設備資源，以對應少子化的作為，惟有鼓勵公立大學合併、私立大學強迫退場。而未能落實蔡英文總統的新南向政策，浪費臺灣高等教育的資源；未能執行蔡總統指示的目標，招收20% 東南亞學生來臺接受最好技職教育，充實臺灣高等教育的生源、活化善用臺灣高教優質的空間，為臺灣的明天創造希望。作者深感遺憾和惋惜。

如果臺灣招收越南學生來臺接受技職教育，培育研發創新人才，回越南作為臺商在越南投資所用人才，解決兩國教育問題，同時促進兩國經濟發展，都是臺越教育文化交流，經貿互惠互利的良策。

2022 年 10 月 16 日「中共二十大」習近平連任總書記後，北京邀請多國領袖訪問中國，越共總書記阮富仲打頭陣，世界第一位直奔北京朝聖，於 2022 年 10 月 31 日與中共雙方舉行會談。習表態要進一步發

展中越關係，共建一帶一路，堅持政治方向是第一位。阮回應越南堅定奉行「一個中國」政策，不與臺灣發展任何官方關係。中越要全力推進社會主義現代化建設。中國與東協高質量共建一帶一路，期待和越南攜手加快推進東亞區域經濟一體化。在醫療衛生、綠色產業、數位經濟、氣候變遷領域與越南合作。

中越政治掛帥重唱老調，不與臺灣官方往來，並非意外。正好給臺灣民間企業經濟掛帥的機會，臺灣民間企業從中國大陸遷移越南或從臺灣進軍越南機會大增。

從歷史教訓而言，政治操作是一時的，發展經濟才是國家長治久安、生存成長的王道，臺越透過教育和經濟交流，機遇大於風險。

第三節　經濟發展現況與未來展望

壹、越南經濟發展應走產業轉型升級之路

越南一向以勞動密集型產業發展為主。以往一直藉由其豐沛的勞動力投入企業，擴大生產、發展經濟。依據世界銀行 2008 年所訂標準，越南已脫離「低所得國家」，晉升為「中低所得國家」。

越南自 2017 年起，64 歲以上人口數增加，亦即勞動人口高齡化增加，預估會帶來經濟成長趨緩。另一方面，東協各個新興國家，同樣以廉價又豐沛的勞動力強力競爭，以及以勞動密集型產業競爭的鄰近國家強力向越南挑戰。例如，緬甸的迪拉瓦經濟特區於 2015 年啟用，2017 年開始吸引東協鄰近國家勞動密集型產業前往投資，尤其日本 70 餘家商社紛紛前往緬甸投資，吸引鄰近國家大量廉價的勞動力投入。

越南倚靠豐富勞動力的經濟生產結構已經開始受到科技產業轉型升級的影響，正逼使越南經濟發展逐步改變其生產結構，轉型升級。

今後，越南的經濟要從「中低所得國家」，發展成為「中高所得國

家」，必須從勞動密集型產業，轉型升級爲資本密集型及技術密集型產業，發展高附加價值產業。改善投資環境，強力打擊腐敗、掃除貪汙，提升公部門清廉效率化的行動政府執行力。經濟發展從國營事業民營化改革，從社會主義專制的共產黨經濟體制，朝向建立自由國際化市場機制，培育經濟人才，穩定總體經濟，才是越南經濟發展、富裕民生，未來國家長治久安的大計。

越南政府 2016-2020 年實施「社會經濟發展計畫」（SEDP），其重點項目在加強開發國內民營企業及吸引外資投入，重整國營企業，重整金融市場，提高經濟區結構規劃及現代化，對主要生產要素（土地使用權、勞工、技術）實施市場重整，經由經濟結構調整促進經濟穩定，以改善社會福利與人民生活水準爲總體目標。其中推動國營企業民營化爲改革開放之首務。企圖經由國營企業民營化引進外資投入，以改善企業體質和經營方針，提高國營企業競爭力，惟越南國內既得利益者之反對，使得國有企業民營化進度緩慢。難能可貴的是越南政府仍然按照既定政策，邁向經濟自由化及市場導向的體制發展。

越南擁有充沛勞動力與豐富天然資源（石油、天然氣與煤礦），政情穩定，吸引外人投資。從自主開放改革走上市場經濟導向後，經濟結構轉型升級爲服務業占 GDP 比 41.2%，超越製造業占 GDP 比 34.3%，農業產值占 GDP 比逐年減少到 14.6%，於 2018 年轉型成功後，積極推動區域經濟整合，吸引外資投入，受惠於低廉的勞工成本。出口成長與國內需求依然強勁。展望未來，越南仍然是東協區域經濟快速成長的經濟體之一。惟因 2019 年疫情爆發，影響到 2020 年經濟成長趨緩，僅達 2.58%。

中美貿易摩擦造成全球供應鏈中斷，越南爲東協主要的受益國家。以製造業爲出口導向的越南，擁有低成本替代品，取代中國享有高評價，美中貿易戰期間，顯見生產者訂單加速從中國轉向越南，促進越南跨國投資與出口的成長。產業結構轉型升級爲科技型產業後，主力出

口商品由紡織品、鞋靴、服裝等成衣產品，轉變爲手機、平板電腦等電子產品。

貳、越南經濟發展未來的走向

越南國會於 2020 年 11 月 27 日通過，並公布越南「2021 年社會、經濟發展計畫」。據此計畫，要達成經濟成長目標 6%。人均所得 3 千 7 百美元。消費者物價指數（CPI）設定上升率目標約 4%。然而，部分國會議員指出，因受抑制新冠肺炎疫情感染擴大影響，經濟成長要達到 6%，實際上有其困難。

今後，越南政府決定，將朝向疫情感染結束後回復經濟景氣邁進。因此越南政府公布「2021 年社會、經濟發展計畫」12 項政策目標：

1. 經濟成長 6%。

2. 人均國民所得（GDP）3,700 美元。

3. 消費者物價指數（CPI）上升率（年平均）4%。

4. 全部生產要素（TFP）對經濟成長貢獻率 45.47%。

5. 勞動生產上升率 4.8%。

6. 接受職前訓練的勞動者比率 66%，其中具備訓練資格，擁有結業證書的勞動者 25.5%。

7. 加入健康醫療保險率 91%。

8. 貧困率（以多因素貧困爲基準計算）減少 1-1.5 點數。

9. 透過集中型供水系統，利用清潔民生用水的都市居民比率達 90% 以上。

10.都市對日常生活固定型廢棄物蒐集和處理比率 87% 以上。

11.充足環境標準集中型排水處理系統，整建工業集團用地和輸出加工區的比率達 91%。

12.國土森林覆蓋率達 42%。

　　2020 年以前，越南政府實施擴張性的財政政策，以政府投資帶動經濟成長。之後，政府推動國有企業民營化及採取緊縮之財政政策與調整貨幣政策，確保總體經濟穩定運行。

參、越南經濟發展未來的展望

　　越南政府設定至「2045 年晉升先進國家」為目標的戰略和對外資期待的政策。

　　近年，越南經濟發展快速，受到世界高度注目，自 2018 年中美貿易摩擦以來，許多國家將產業從中國轉移到越南。2020 年疫情擴散，越南強力抑制有方，實現回復景氣，在東協各國中是「唯一獨勝者」的國家。2021 年 1-2 月間，越南共產黨召開 5 年一度的第 13 屆黨代表大會，揭舉長期經濟發展目標，要迎接 2045 年越南建國百年「晉升先進高所得國家」，人均 GDP 為 1 萬 8 千美元。為達成此目標，改變一向依賴低廉勞動力成長模式的經濟發展。尤因近年來與中國在南海領土主權的紛爭關係惡化，兩國經貿環境亦受影響。所以，越南外部環境的安定成為重要課題。

一、經濟成長速度趨緩

　　越南建國百年（2045）人均 GDP 要達 1 萬 8 千美元，則今後 25 年間經濟成長每年要維持 7%，恐怕不容易，往昔經濟成長大約都在 6-7%，今後傾向趨緩之可能性更高。越南經濟成長至今依賴外資投入和低廉的勞動力維持，未來因人力資源持續高漲，必須走向技術革新（自動化、低能源成本等），這是先進發展國家製造業必然要走的路。否則，越南現有的優勢就會逐漸減少。

　　因此，越南為維持經濟成長必須改變產業結構，推進產業升級，高附加價值化。越南於 1990 年代實施「工業化、近代化」，企圖至 2020

年成爲工業國家已流於口號，雖有計畫目標，但並未實現。其製造業占
GDP 的比率，比東協主要國家的馬來西亞和泰國低，其製造業的升級
高附加價值計畫，現在原地踏步中，反而不及服務業發展迅速。今後，
狀況不變，服務業已超越製造業，工業化流於未成熟的產業，經濟成長
趨緩下滑。爲避免此一趨勢必須加強製造業，越南共產黨第 13 屆黨代
表大會通過訂定製造業占 GDP 比率，要求自 2020 年時的 16% 至 2030
年提升至 30% 目標。

二、不安定的國際環境

越南的經濟發展要能持續成長，外部環境的安定是不可或缺的要
件。當前越南最大憂慮就是中國針對越南的南海領土主權的強權主張，
掀起越南抗爭，因之兩國關係惡化。2010 年前後，中國實際控制南
海，強化擴大主權，中國巡邏船打沉越南漁船。2017 年越南國營石油
公司麥托羅與西班牙利夫斯魯公司，在南海進行合作開發被迫停止。越
南反中情緒達最高潮，發生越民破壞中國公司抗議，臺灣在越南企業受
到波及，反中情緒更加惡化。今後，越南針對中國不排除會再發生類似
抗爭的可能性。特別因爲 2018 年，外國企業長期利用越南土地許可的
經濟開發特區法案，被批判是把「國家賣斷給中國」的「一帶一路」營
運的法案。因此，越南政府擱置此一法案，越中關係更加深惡化。影響
安全保障環境的緊張，以及越中雙方經貿環境的運作，越南大大抗議中
國過度擴大主權的主張。越南爲此改變經濟發展策略，強化與經濟大國
的美、日合作，面對未來經濟發展的挑戰。

三、推動工業化發展

越南推進「2045 年晉升先進國家」爲目標的工業化發展，其重要
策略：加強製造業轉型升級高附加價值化。

　　今後，越南人口高齡化、人力費用工資高騰應避免不了，依賴低廉的勞動力發展工業化有其極限。為此越南政府加強促進製造業的轉型升級、高附加價值化。於在地企業之間，大企業開始於 2017 年生產電動汽車、製造醫藥品，越南政府大力吸引外資投入。由於美中貿易摩擦和疫情的擴散，製造業據點從中國移轉入越南增加大量企業。如此改變，使越南在製造業引入外資一路順風。如手機等美系 ICT 企業或臺灣系 EMS 企業都將生產線移入越南。越南的製造業超越原來的單純產品組合工程，開始創造更高的附加價值。同時開始支援培育在地企業成長。

　　越南製造業主要課題之一，是產地供應率很低。依據日本 JETRO 實地調查結果，2020 年在越南日系企業產地供應率高達 37%，越南僅占 22.4%。

　　為此，越南政府發表對機械、縫織、電子、電動汽車等在地產業發展策略，至 2030 年提高在地產業產品的生產競爭力，盡可能增加在地產業產品在國內生產和供應，消費需求達 70% 目標。

　　越南政府強調「政府的決心堅固，今後 5 年內在地產業大展鴻圖」。要與泰國等相當程度產業聚落並行並進。擴大與各國簽訂自由貿易協定（FTA）、撤除區域內關稅，例如，2019 年 6 月 30 日越南與歐盟簽署《歐盟與越南自由貿易協定》（EVFTA），內容包含投資保護，將使雙方 99% 的貿易產品項目互免關稅。尤其對農產設定配額互惠互利。另外相互開放政府採購及服務業市場，如郵政、銀行、海洋產業、保護智慧財產權、投資自由化，以及永續發展等條款。這是歐盟與亞洲開發中國家簽訂的第一項自由貿易協定。促進 2020 年歐盟對越南出口增加 15%，共 138 億美元；越南對歐盟出口增加 20%，共 425 億美元，讓越南輸出入產品均具競爭力，持續促進越南工業化的發展。

（一）國家基礎建設必須大力整合

　　越南推進工業化，國家基本建設是支持工業化的基礎條件，依據 Global Infrastructure Hub（簡稱 GI Hub）估計，自 2016-2040 年，越南

國家基礎建設需要投資資金約 6,050 億美元以上。其中，電力基礎建設占大半數。近年來越南電力不足極爲嚴重，至今以煤炭、火力和水力發電爲主。近年來，減碳產業在國際要求的標準提高，要籌備符合新規的煤炭火力發展的建設資金非常困難。因此，開始探討環保負擔低的電源轉移。所以，2021 年 2 月政府發布「第 8 次國家電力開發基本計畫」，一方面降低中長期煤炭、火力和水力發電的依賴度，一方面提升天然瓦斯發電利用和再生能源（太陽能、風能、地熱能、海潮能、動物排泄廢液發酵能源等）構成比率的基本方針。

據 GI Hub 預計，越南電力基建資金約需 2,650 億美元，政府資金只有 2,560 億美元，尚不足 90 億美元，依賴中國「一帶一路」契約推進的資金。但，近年因南海主權爭端，對中關係惡化，越南對依賴中國資金的基建開發警戒感增強。因此，限制中國企業介入開發。例如：

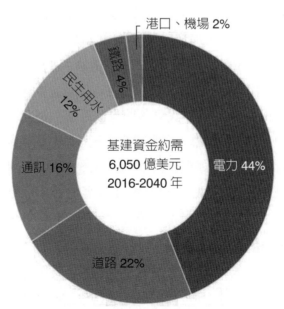

港口、機場 2%
鐵路 4%
民生用水 12%
通訊 16%
電力 44%
道路 22%

基建資金約需 6,050 億美元 2016-2040 年

圖 1　越南國家基礎建設投資資金需要內容項目比率

資料來源：Global Infrastructure Hub。日本三井物產戰略研究所製表，作者譯。

2019 年越南首都河內至南部胡志明市連結的高速道路國際標中止開標，因參加投標者多數來自中國，越南對中國企業介入警戒感提高。與其因「減碳」成本高，依賴中國輸入煤炭火力發電主力，不如保持與環境負擔低的天然瓦斯優位技術的美國和日本合作，推進與 LNG 發電設施基建整合，朝向與美日合作排除中國，創造共同利益的一致方向，高舉與美日經濟互助的順風旗。

（二）提高農業生產高附加價值

最後，擁有農業部門剩餘勞動力的越南，今後必須將它轉移到工業部門。依據 2021 年世界銀行公布數據，越南農業部門對 GDP 比約 14%，農業雇用就業勞動者約占全體雇用者比 40%，2030 年目標要從 40% 占比降至 25%。近年，都市勞動力不足明顯化，在地產業開始在市郊設立製造業據點，促進勞動力移轉。另外，越南以強化食料品安全保障為重點課題，為達成此一目標，必須繼續減少勞動人口，提高農業生產高附加價值化，推進經濟發展帶來國民生活食品的多樣化，經過確保食品安全和食品加工，加強提升高附加價值。如此，推進工業化的越南農業部門，可以用最少資源，產生最多價值，並期待引入外資，對外來技術和專利高度依賴。越南從農業先進國家的荷蘭、以色列等國家引進先進技術。例如，1994 年設立荷蘭光照系統網路栽培花卉，利用天然瓦斯的溫室及網路室，導入自動噴灑系統栽培水果和蔬菜。如設在越南中部奈龍省，具有相當國際競爭力的水果、蔬菜和花卉大生產據點急速成長。尤其於 2020 年設立比泰國 CP 集團在東南亞更大規模的雞肉加工廠，採取 AI 資料等最先進技術，提升生產和品質，並從提供飼料原料到加工食品銷售（從原料供應到生產、品質管理、物流、銷售、經營管理一貫流程）全程經過 100% 設計流程確認達成目標。因越南近年不斷發生食品中毒事件，消費者對食品安全敏感度提高，因此 2020 年阮春福首相提出強化食品安全管理措施，積極推進確保食品安全。

（三）創造和平安定的國際環境，加強國家基礎建設

因在南海主權問題與中國緊張關係的爭端提高，越南加強與美國拉近關係後，維持與周邊地域戰略均衡策略。從美國和太平洋地域對中國牽制強化觀點而言，越南立於戰略夥伴關鍵地位，特別在歐巴馬、川普前美國總統政權下，展開越美兩國間安全保障合作，兩國曾有一段蜜月關係的交流。尤其川普總統後期，進行外交、安全保障合作，組織美、日、澳、印戰略會談（QUAD），站上「QUAD+」構想。2021 年 1 月啓動的美國拜登政權繼續與越南加強雙邊關係。

越南沒有正式與中國敵對的意圖，因爲中國是越南最大的貿易國（中國是越南最大的輸入國，美國是越南最大的輸出國）。從中長期的越南經濟成長觀點而言，完全排除中國資本並非理智的選擇。問題在中國對南海主權的強勢主張、針對越南的壓力，讓越南人民對中國感情惡化，越南人民戒愼與中國擴大貿易關係，強力反對利用中國資本的輿論，認爲有必要抑制中國的行動，改善越中的關係，在此界限下，越南加強與美國合作，推進牽制中國，並非要完全封鎖對中國的經貿合作關係。在印太聯盟的區域內的越南加強與美日全面合作，2017 年策定的與「美日能源夥伴聯盟」就是其中的一環。強調在區域能源市場競爭下，加強構築能源安全保障。在此夥伴聯盟關係下，接受日本企業開發越南電力營建。2020 年指定日本爲優先開發國。美國也於 2019 年與越南簽署開發基建合作計畫，引導民間資本投入促進開發，美國企業支援輸出基礎建設方案援助越南，即是美國印太戰略之一。美國電力大廠 AES 大力介入越南電力開發計畫。日本企業 JERA 與越南共同開發北越 LNG 發電廠的建設。日本三菱商事與越南共同開發胡志明市附近的 LNG 發電廠建設。如此重複多層協助越南基礎建設，這些都是美國主導越南基建系列電力開發計畫之一。美國開始採取具體行動替代中國「一帶一路」，連結日本、澳大利亞，推進 Blue Dot Network，動員資金支援越南，連結其他東南亞國家排除中國「一帶一路」的陷阱，提高

警戒感。越南與美、日、澳政府合作，引入外資建設電力的先例，將來也許會擴大到東南亞其他國家比照試行，這股新風潮尚待繼續關注。

參考文獻

1. 中華民國行政院經濟部國際貿易局，〈本（2022）年上半年越南金融市場情形〉。2022年7月19日，取自網址：https://www.trade.gov.tw/Pages/Detail.aspx?nodeID=45&pid=750715。

2. 江西華報今世說，〈2022年，越南預計將成為中等偏高收入國家，2045年將成為發達國家〉。2022年6月16日，取自網址：https://www.163.com/dy/article/H9VQ9JPF0517BT3G.html。

3. 邱立玲，〈製造業出走中國最大受惠者 越南第二季GDP狂增7.72% 創11年新高〉，信傳媒。2022年6月30日，取自網址：https://www.cmmedia.com.tw/home/articles/34753。

4. 許文志，2005-2015年六度赴越南參加學術論壇及實地參訪各類產業現場筆記。

5. JETRO，2021，〈ベトナム経済の今後の方向性〉，ベトナム国会ガ計画公表。

6. ベトナムの声放送局，2022，〈ベトナム経済 2022年急速に回復目指す〉，國際放送局。

7. 大和總研，2021，〈2022年のASEAN5経済見通し（各国編）〉，ベトナム統計總局。

8. 坂場三男，2019，《ベトナム・アジア新論》，振學出版。

9. 福岡侑希，2021，〈注目が高まるベトナムを取り巻く内外環境〉，三井物產戰略研究室。

10. Herberg, M. E., 2020, High-Quality Infrastructure and the Free and Open Indo-Pacific Vision, in *Powering Southeast Asia: Meeting the Region's*

越南經濟發展的現況與展望

Electricity Needs, by Han Phoumin, Mikkal E. Herberg, Nikos Tsafos, and Courtney Weatherby, Seattle: The National Bureau of Asian Research, 23-30.

11. Hiep, L. Hong, 2021, Sino-US Competition in Infrastructure Development: Power Plants in Vietnam, *ISEAS Perspective*.

12. Kuo, M. A., 2020, Blue Do Network: The Belt and Road Alternative, *The Diplomat*.

13. Ogawa, K., 2020, Vietnam teams with Japan and US for low-carbon electricity, *Nikkei Asia*.

Chapter *5*

越南經濟發展與人力資源問題

張李曉娟[*]

* 日本廣島大學法律學博士，現任環球科技大學公共事務管理研究所所長。

越南近期發展最醒目之處，不外是疫情衝擊下其穩定快速的經濟成長；加上，哈佛大學甘迺迪學院經濟學教授戈登·漢森（Gorden Hanson）評論，倘若國際企業必須選擇「下一個中國」作為生產基地，可能就是越南或孟加拉。事實上，越南確實吸引許多國際大廠到國內投資設廠，例如三星、耐吉、愛迪達、優衣庫，他們看中越南充沛的人力資源，以及簽訂多項自由貿易協定、建置有卓越的國際經貿環境。然而，越南媒體卻也批露國內勞動力市場矛盾現象，部分工廠訂單減少導致勞工失業，許多擴大生產的企業卻陷入缺工窘境（VnExpress, 2022）。

究竟越南是否能夠保有其經濟發展優勢，成為下一個製造大國並確保其穩定的經濟發展，其人力資源發展值得進一步探討。本文擬針對越南經濟概況、人力資源，特別是其勞工法令，加以介紹。以下簡單分為三節，第一節越南經濟概況，第二節越南人力資源發展，第三節越南未來經濟展望。

第一節　經濟概況

壹、經濟概況

越南位於中南半島東側，北鄰中國廣西壯族自治區及雲南省，西與寮國及柬埔寨為界，東面濱海（東京灣及南海）；S 形狹長的國土有四分之三是山地森林，只有北部紅河三角洲及南部九龍江三角洲有部分平原。1945 年越南宣布獨立以來，戰火不斷；1946 年法越戰爭法國戰敗，南北越以北緯 17 度線為界分治；1955 年越戰再起，北越勝利、美國撤軍；1976 年南北越統一，越共執政、維持社會主義路線。然而，戰後越南國窮民困，總書記長征（鄧春區，Trường Chinh）、也是越南著名的思想家，於 1986 年推出改革開放政策（Doi Moi Policy）。

1986 年改革開放政策，揭櫫四大宣言。第一是思想改革，否定激

進式社會主義路線；第二是經濟發展戰略改革，重新修正以重工業優先發展模式，將部分重心移至農業食糧作物及生活消費財之生產；第三是經濟體制改革，承認資本主義式經營型態的合法性；第四是對外戰略改革，積極參與國際分工及國際經濟互助活動。

特別是第四項的對外戰略改革，越南 1977 年加入聯合國；1992 年成為國際勞動組織（ILO）會員國；1995 年加入東協（ASEAN），同時與美國建交；1998 年加入亞太經合會（APEC）；2007 年參加世界貿易組織（WTO）；2018 年，美中貿易戰開打，越南加入《跨太平洋夥伴全面進步協定》（CPTPP）；2020 年 6 月越南批准《歐盟與越南自由貿易協定》（EVFTA）及《歐盟與越南投資保護協定》（EVIPA）；同年 11 月越南完成《區域全面經濟夥伴協定》（RCEP）簽署，2022 年 1 月 1 日生效。RCEP 形成之國際貿易市場，消費人口高達 22 億，稱得上是全球最大自由貿易區。該協定規定成員間關稅減讓，多達 92% 貨品將達到零關稅，有助其成員擴張經貿版圖並提高自由貿易區內供應鏈之強度。

回首觀之，自實施改革開放政策至今 35 年，越南國內 GDP 呈現飛躍性的成長；特別是從東協新四國（柬埔寨、寮國、緬甸和越南，簡稱 CLMV）來看，越南經濟發展相當突出，也是唯一沒有受到中國經濟支配的國家（稅所哲郎，2022）。

貳、經濟改革開放

根據學者分析，越南改革開放政策之發展，可以大致分為三期：初期（1986-1999）、中期（2000-2007）、後期（2007 至今）。初期國家資本主義色彩較為濃厚，政府主導型開發模式並未成功，因為當時引進外國資金與技術，以國營企業合併為主，期使提高生產效能，但實際上真正合併的企業數不多且都陸續解體陣亡。中期朝向指令型混合經濟模式發展，最大里程碑是 2000 年實施新版企業法，新進企業只要備齊資

料辦妥公司登記即可，摒棄過往層層疊疊的許可制度；2005 年再修正《企業法》和《投資法》，廢除法律上對內外資、國民營企業之歧視規定。

後期則轉換為市場型混合經濟體制，特別是 2007 年加入 WTO 後，加速越南經濟制度自由化的發展，2009 年非國營企業的工業生產比例大幅超越國營企業，成為支撐越南經濟的主要動力。也就在這個時期，越南政府回頭對大型國營企業進行重整，以國家資本擴大投資，例如石油開發集團（PetroVietnam）、海運與造船集團（Vinashin）、國家商業銀行（Vietcombank, VietinBank）等，這些集團在國家資金挹注下，跨界飯店業、商辦大樓、住宅建築、證券服務業等領域設立新公司。這些如雨後春筍般成立的企業體，成為越南「裙帶式資本主義」（Crony Capitalism）滋長的溫床（Do Manh Hong, 2015）。

參、經濟特色——裙帶式資本主義

越南經濟有如此顯著之績效，引發各界關心與檢視，世界銀行（World Bank）認為主要在於經濟制度自由化與政治穩定，也有學者（Do Manh Hong）認為應歸功於開放外國直接投資與放寬民間企業等寬鬆政策所致。近期較為人所矚目的分析手法，不外是美籍韓裔學者康大衛（David Kang）指稱之「裙帶式資本主義」（Crony Capitalism）。所謂的「裙帶式資本主義」，多用來說明企業與官僚結合，以尋租（rent seeking）或獨占利益為目的之行為。

學者認為越共執政下，越南經濟體制自由化過程中，許多企業意圖透過壟斷或管制獲得的超額利潤，刺激了裙帶式資本主義的生成。這種裙帶式資本主義深植於越南外資、國營企業或民營企業內；以國營企業為例，石油開發集團原以石油、天然氣之開發與製造為本業，又使用國家資金廣設各類公司，經營觸角從金融、保險、證券、甚至連觀光、飯店、計程車服務都涉獵。越南汽車生產企業協會（VAMA）也是另一個

典型範例，藉由與官僚的友好關係，長期享有來自國家對汽車產業的保護措施（Do Manh Hong，2015）。

第二節　人力資源發展

壹、總人口與勞動力結構

前述提及國際大廠紛紛選定越南作為新的海外基地，特別看中當地豐沛的人力資源。根據越南統計總局（GSO）發布之資料，2021 年越南總人口約為 9,850 萬人，增加 92.35 萬人，年增率 0.95%。其中，城鎮人口 3,660 萬人，占 37.1%；農村人口 6,190 萬人，占 62.9%。就性別來看，男性 4,910 萬人，占 49.8%；女性 4,940 萬人，占 50.2%。2021 年總生育率為 2.11，換言之平均每名婦女生養 2.11 個小孩。粗出生率則為 15.7‰，粗死亡率為 6.4‰；越南人民的平均壽命為 73.6 歲。

2021 年 15 歲及以上勞動人口估計為 5,060 萬人，從勞動力結構來看，男性勞動力參與率為 53.5%，高於女性勞動參與率 46.5%。同時，勞動力主要集中在農村，占 63.3%，顯示出越南城鄉勞動力分布差距極大。受雇員工就業方面，年齡 15 歲以上在經濟部門工作人數 4,910 萬人；其中在農林漁業 1,430 萬人，占 29.1%；工業及建築業 1,620 萬人，占 33.1%；服務業有 1,860 萬人，占 37.8%。

就勞工素質來看，受過培訓、擁有學位或證書的 15 歲以上勞動人口為 26.1%，比去年微增（2020 年為 24.1%）；受雇者中受過培訓的比例，城鎮為 41.1%、農村為 17.5%。2021 年受到新冠肺炎的影響，失業率達到 3.2%；城鎮地區和農村地區分別為 4.33%、2.50%。就業不足率為 3.10%，其中城鄉就業不足率分別為 3.33% 和 2.96%，比去年微增（2020 年就業不足率為 2.52%；城鄉就業不足率各為 1.69%、2.94%）（越南統計總局，2021）。

貳、城鄉差距與減貧計畫

　　從越南總人口及勞動力結構觀察，總人口 9,850 萬人中，15 歲及以上之勞動人口約 5,060 萬人，乍看之下確實相當豐沛；但是，國內存在相當嚴重的城鄉差距。根據越南統計總局調查，2021 年雖遭受天然災害及新冠肺炎疫情衝擊，越南人均月收約為 420.5 萬越南盾，較前年下降約 1.1%；其中，城鎮人均月收 538.8 萬越南盾，為農村地區的 1.5 倍（384.6 萬越南盾）。東南地區人均月收最高，達 579.4 萬越南盾；中北部地區和高山地區人均最低，僅有 283.7 萬越南盾，兩者相差近兩倍。

　　從多維貧困標準認定之貧戶率來看，也可清楚發現越南明顯的城鄉落差。2021 年越南貧戶率為 4.4%，比 2020 年下降 0.4%，其中城鄉貧戶率分別是 1% 和 6.5%，各下降 0.1%、0.6%。按地理區域劃分，中北部地區及高山地區的貧戶率最高，為 13.4%，而東南地區比例最低，僅有 0.2%。同時，越南的吉尼係數（Gini coefficient）也反映出類似現象；2021 年越南的吉尼係數為 0.374，低於 2014-2018 年的 0.4，高於 2020 年的 0.373。農村為 0.374、城鎮為 0.335；中北部地區及高山地區分別是 0.428 和 0.418，而東南地區的吉尼係數 0.322 為最低（越南統計總局，2021）。越南近年主要社會指標，請參考表 1。

　　越南境內有 54 個民族，以京族為大宗，占全國總人口的 87%，其次為岱依族、泰族、芒族、苗族、高棉族、儂族、瑤族、華族等，京族以外之民族均視為少數民族。而中北部地區與高山地區是少數民族群聚集居處，有的開闢梯田從事水稻耕作，有的則以輪耕（shifting cultivation）等其他農業型態營生。所以，越南貧戶問題在農村少數民族身上特別顯著（グエン・トウイ，2022）。

表 1　2015-2021 年越南主要社會指標

	2015	2018	2019	2020	2021
總人口（萬人）	9,222.86	9,538.52	9,648.4	9,758.27	9,850.62
16 歲以下人口（萬人）	--	2,399.84	2,484.76	2,509.86	2,516.04
人力資源指數（HDI）	0.688	0.693	0.703	0.706	0.726
平均餘命（歲）	73.31	73.49	73.60	73.70	73.60
平均月收入（萬越南盾）	--	387.4	429.5	425.0	420.5
平均月支出（萬越南盾）	--	254.6	--	289.2	--
平均受教育年限（年）	8.4	8.6	9.0	9.1	9.2
預期受教育年限（年）	11.37	11.54	12.21	12.16	12.36
貧窮指數（%）	7.0	6.8	5.7	4.8	4.4

資料來源：越南統計總局（GSO），2021。本研究整理。

　　早在 1991 年，越南共產黨第 7 次全國大會即強調「改革開放下經濟發展的同時，力求削減貧窮與社會平等」。換言之，主張不犧牲社會公平來換取單純的經濟成長。越南設定全面性減貧目標，特別是提高收入和保障基本社會服務。1996 年越南「社會發展經濟計畫 1996-2000」中，明列削減貧窮的項目，具體內容包括融資優惠、免除學費、提供保險證等；其後「社會發展經濟計畫 2001-2005」也延續此一重要主題。針對高山區域少數民族減貧措施，1998 年擬定「特別困難高山地區行政農村之社會經濟發展計畫」（首相決定第 135 號），提供各項援助。

　　另一方面，越南為配合世界銀行債務及融資優惠，2002 年訂定「減貧策略及成長計畫」（Comprehensive Poverty Reduction and Growth Strategy，簡稱 CPRGS）。越南為實現工業大國願景，再擬定「2001-2010 年社會經濟發展 10 年戰略」，以長期減貧觀點來推動農村工業化，其中規劃有「2001-2005 國家貧困削減目標、職業計畫」。2012 年訂定「國家減貧目標計畫」（National Targeted Program on Sustainable

Poverty Reduction，簡稱 NTP-SPR），NTP-SPR 減貧計畫持續更新，2021-2025 年為第三階段（2021 年國會決議第 24 號，24/2021/QH15）。

　　該計畫全面保障貧困人口的社會民生權利，強化其資訊、就業、醫療、教育、住房、生活用水、衛生、環境等各項基本社會需求。該計畫還投資發展貧困核心地區的社會經濟基礎設施，培訓職業技能、創造良好的就業機會，提高貧困人口收入及生活品質，支持弱勢脫貧。2021-2025 年貧困線標準為農村地區人均月收 150 萬越南盾，城鎮地區 200 萬越南盾。目前，政府指導各省市進行貧戶審查及分類，作為實施減貧政策、計畫和方案之依據。

參、2019年《勞動法》

　　誠如越南各類減貧計畫之擘劃，培訓職業技能、創造良好就業機會是越南貧戶脫貧的策略之一。前述提及越南積極對外招商，國際大廠進駐投資設廠，以韓國三星為例，2008 年選定越南設廠，是最早進入越南的電子製造業之一；三星智慧型手機年產量 3 億支，越南北寧省（Bac Ninh）和太原省（Thai Nguye）產量就占六成，雇用 10 萬名以上的員工。這些員工每天清晨從河內等城鎮搭巴士出發，進入北寧省或太原省大型工廠工作，天黑後才回家。

　　即便 2022 年三星有意將部分產線撤回國內，2021 年仍創造出 742 億美元的驚人收入，接近越南石油開發集團（PetroVietnam）的三倍，為越南最大的外資企業。當然，越南政府提供優惠的招商措施，包括免費提供 112 公頃的土地、工廠營運前 4 年免稅，其後 12 年企業稅減半（從 20% 降到 10%）；除此之外，越南當地工資成本也相當具有魅力。以下，簡單介紹越南《勞動法》重要規定。

　　越南《勞動法》訂立於 1994 年，後因應國內外局勢變動，2012 年、2019 年進行二度修正；現行版於 2021 年開始實施，主要規定如下：

一、工作時間

勞工每日工作時間不得超過 8 小時，每週不得超過 48 小時。夜間工作時間自 22 點起至隔日早晨 6 點止。每日工作 6 小時以上者，休息時間至少 30 分鐘，夜班工作者，休息時間至少 45 分鐘。

當雇主取得勞工同意，可以安排勞工加班，但加班時數不得超過一天正常工時之 50%；採取按週計算之工時制度者，正常工時與加班時數一天合計不得超過 12 小時，單月不得超過 40 小時；每年加班時數不得超過 200 小時。

對於特殊產業，加班時數規定有較高的上限，每年不得超過 300 小時，例如紡織成衣、皮革、鞋業、電機、電子產品加工外銷、農林、鹽業、水產加工等生產活動，以及電力發電與供應、電信、煉油、供水、排水等產業。

但是，為因應後疫情時代越南經濟復甦與發展，2022 年 3 月 23 日越南國會常務委員會發布第 17/2022/UBTVQH15 號決議（簡稱第 17 號決議），放寬《勞動法》原訂之每月加班時數上限，實施期間自同年 4 月 1 日起至 12 月 31 日止。決議內容包括，雇主經勞工同意之加班時數，每年得超過 200 小時，但不得超過 300 小時；單月之加班時數，得超過 40 小時，但不能超過 60 小時。

二、休假與年假

越南國定假日為勞工休假日，勞工支薪的有薪假；如逢週休假日，得於次日補假。國定假日包括元旦（1 月 1 日）、春節（農曆 5 天）、解放日（4 月 30 日）、勞工節（5 月 1 日）、國慶日（9 月 2 日前後 2 日）、雄王祭日（農曆 3 月 10 日）。

有薪年假部分，勞工為同一雇主雇用，年資滿 12 個月，享有薪年假 12 天；未成年勞工、身心障礙勞工、從事具有繁重、毒害及危險性

質之工作、職業項目者爲 14 天；從事具有特別繁重、毒害及危險性質之工作、職業項目者 16 天。年資未滿 12 個月者依比例計算。勞工因故離職、被解雇者，應休而未休而未休之年假，雇主應折算未休假天數之薪資，給付勞工。

三、最低工資與梯形工資

越南《勞動法》明定法定最低工資，給付一般勞動條件下工作的勞工，保障其基本生活，以符合經濟社會發展條件。最低工資依所劃定區域個別訂定，有按月、按時計酬之分。現行的最低工資，由越南總理范明正於 2022 年 6 月 12 日頒布（第 38/2022/ND-CP 號法令），詳細金額如表 2。2022 年 7 月 1 日起，不管有無接受職業培訓，最低工資都一致化，不再有所差異。近年越南法定最低工資年年調漲，調幅詳細請參考表 3。

越南《勞動法》也規定企業必須制定梯形工資表，以政府公告最低工資水準爲基準，第一級距的薪資水準爲最低薪資加 7%，從第二級距起每多一級距再增加 5%，以此類推。近年越南最低工資調升速度快，以第一區爲例，2022 年最低工資是 2014 年的 1.7 倍；當最低工資上漲，梯形工資會隨之提高，各級距人事費上揚，增幅相當驚人。

表 2　2022 年越南最低工資規定（計月、計時）

（單位：越南盾）

地區	每月最低工資	每小時最低工資	主要城市
第一區	468 萬	22,500	河內、胡志明市、海防、平陽
第二區	416 萬	20,000	海陽、北寧、永福、峴港
第三區	364 萬	17,500	富壽、北江、老街、河靜
第四區	325 萬	15,600	其他地區

資料來源：本研究整理。

表3　2014-2022 越南每月最低工資之變化

（單位：越南盾）

地區	2014	2015	2016	2017	2018	2019	2020	2022
第一區	270 萬	310 萬	350 萬	375 萬	398 萬	419 萬	442 萬	468 萬
第二區	240 萬	275 萬	310 萬	332 萬	353 萬	371 萬	392 萬	416 萬
第三區	210 萬	240 萬	270 萬	290 萬	309 萬	325 萬	343 萬	364 萬
第四區	190 萬	215 萬	240 萬	258 萬	276 萬	292 萬	309 萬	325 萬

資料來源：本研究整理。

　　臺灣製鞋大廠寶成鞋業跨足越南發展已久，同奈省工廠是寶成投資越南的第一座工廠，至今有 28 年，還有胡志明市寶元鞋廠、西寧省寶宏鞋廠、寶利鞋廠及前江省裕得鞋廠。當越南最低工資逐年調漲，勢必對經營造成一定壓力；寶成集團執行長蔡佩君慨歎道，越南已無便宜工資（財訊，2019）。

　　當大家還沉浸在越南熱，寶成選擇至印尼發展。寶成在印尼西冷縣（Serang）、蘇加武眉縣（Sukabumi）及展玉縣（Cianjur）等地設廠。2021 年度集團總人數為 32.1 萬人，越南約 12.7 萬人、印尼 12 萬人；2022 年第一季各廠區產量占比，中國大陸 10%、越南 35%、印尼 49%，其他（柬埔寨、孟加拉及緬甸）占 6%，越南與印尼製鞋廠營運比重大（工商時報，2022）。

　　此外，加班費或夜班工資的規定也相當優渥。在加班費部分，一般工作日加班費至少 150%，例假日至少 200%，國定假日、節慶假日、帶薪休假日至少 300%。夜間工作（夜班）勞工至少加發原薪資的 30%；夜班再加班之勞工，除原薪資外，再加發 20%。越南法定加班費加乘費率表，請參考表 4。

表 4　越南法定加班費加乘費率

	日班工作 9:00 AM- 6:00 PM	日班加班 6:00 PM- 9:00 AM	夜班工作 10:00 PM- 6:00 AM	夜班加班 6:00 AM- 10:00 PM
一般工作日	100%	150%	130%	200%
休假日	200%	--	--	270%
國定假日	300%	--	--	390%

資料來源：本研究整理。

四、社會保險、醫療保險及失業保險

依據《勞動法》第 168 條規定，雇主、勞工必須參加強制性社會保險、醫療保險、失業保險；勞工依法享有各項福利待遇。社會保險方面，2022 年 1 月 1 日起，越南本勞及外勞之社會保險費率調整一致，雇主負擔部分 17.5%、勞工負擔部分 8%。醫療保險部分，雇主負擔 3%、本人負擔 1.5%；失業保險則勞雇雙方各負擔 1%。詳細請參考表 5。實際上，根據越南社會保險機構表示，2022 年 6 月為止，越南參加社會保險人數約 1,670 萬人，其中社會保險與失業保險覆蓋率達 33.81%，較去年增加 50 萬 7 千人。

表 5　越南社會保險、醫療保險、失業保險之勞雇負擔比率

	社會保險	醫療保險	失業保險
雇主負擔比率	17.5%	3%	1%
個人負擔比率	8%	1.5%	1%

資料來源：本研究整理。

五、工會

越南《勞動法》第 13 章，企業內部勞工代表組織，勞工有權依據

《工會法》成立、加入及參與工會活動；在企業工作之勞工，有權依法成立、加入與參加在企業之勞工組織活動。同時，雇主必須承認並尊重合法成立之企業內部勞工代表組織之各項權利。禁止雇主對企業內部勞工代表組織之成立、加入與運作等，以解雇、處分等影響其運作，在勞動條件上給予歧視待遇或干預、阻撓勞工組織運作，使其弱化。特別的是，資方必須依據勞工總薪資的 2%，支付工會會費。

　　第 14 章勞資爭議處理，則規定個別及集體勞工勞資爭議制度，分別由以下三個單位專責處理：(1) 勞動調解員；(2) 勞動仲裁委員會；(3) 人民法院。原則上以調解優先，然後才進入勞動仲裁委員會或人民法院之救濟程序。當調解不成或調解期限屆期未調解的情況下，勞工代表組織有權罷工；而勞動仲裁庭未提出爭議處理之判決，或是爭議一方之雇主不執行勞動仲裁庭所做有關爭議處理之判決，爭議他方之勞工代表組織同樣有權罷工。

　　越南勞動總工會（VGCL）副主席潘文英（Phan Van Anh）認為，罷工最常見的原因不外乎對薪資、年度調薪幅度不滿等等。2022 年 1 月規模最大的就是同奈省寶成鞋廠勞工所發起的罷工，參與人數達 1 萬 6 千人，主因在於該年度的年終獎金從去年1.87個月調降為1-1.54個月。

　　有關越南政府與越南勞動總工會的關係，學者王宏仁有如下的形容。越南政府採取一種「防禦型威權體制」，有著統合國家（corporatism）色彩，他巧妙地透過越南勞動總工會控制勞工；越南勞動總工會在越共指揮監督下仍具有一定獨立性，勇於針砭時弊。另一方面，代表工商界利益的越南商工總會（VCCI）追求資本累積的同時，與越南政府、越南勞動總工會取得一定妥協（王宏仁，2019）。

第三節　未來經濟展望

壹、2021-2025年經濟結構調整行動計畫

2021 年越南副總理黎明慨（Le Minh Khai）簽署第 54/NQ-CP 號決議，頒布「2021-2025 年經濟結構調整行動計畫」。該行動計畫籌設未來改革成長模式，提高生產力、品質、競爭力、自力更生、適應力及韌性之多重目標，以縮小與東協國家其他國家之差距，例如印尼、新加坡、馬來西亞及泰國。「2021-2025 年經濟結構調整行動計畫」之重要目標如下：

1. 勞動生產率年增至少 6.5%，其中，加工製造業成長達到 7%。

2. 平均預算赤字維持在 GDP 3.7%。科學與技術之研發支出占 GDP 比重不少於 1%。2025 年新創科技公司數目年增 15%。

3. 2025 年國營企業數量，與 2021 年初比較下，至少減少 10%，且財務自主機關達 20% 以上。

4. 金融市場中股票市值至少占 GDP 之 85%，債券占 47%，公司債占 20%。

5. 企業數量方面，以 150 萬家為目標。其中，中大型企業至少 6 萬家，民營企業對 GDP 貢獻度達 55%。同時，至少 5 種越南產品在國際間成功打響品牌。

6. 2025 年底 3.5 萬家合作社中，3 千家以上將在生產與消費中運用高科技，50% 之農業合作社與企業建立價值鏈合作關係。

貳、經濟發展之問題點

國際勞工組織（ILO）早從 10 餘年前就相當關注越南國內就業問題。越南 2008 年最大就業部門是農林漁業，就業人數接近 2 千 3 百萬，但由於經濟轉向高附加價值、技術和資本密集型產業和服務業，ILO 預

估 2020 年將下降到 2,110 萬。ILO 認為越南需要高素質、高技能的勞工來推動此一轉變，始能成功晉升為中等收入國家。同時，要更密切注意勞動生產率，以確保經濟能夠創造並維持勞動尊嚴及合理工資（ILO，2011）。

國際勞工組織也在最新公布之《世界就業暨社會展望：2022 年趨勢》報告指出，社會不平衡將弱化各國經濟、財政及社會結構，對勞工結構及收入留下長期影響；同時預估 2022 年越南勞工失業人數將攀升至 130 萬人，2023 年始逐漸下降，預計達 120 萬人；越南失業人數排名應是東南亞第 2 位，僅次於印尼之 610 萬人（ILO，2022）。

實際上，根據越南統計總局（GSO）資料顯示，2021 年越南從事農林漁業人數僅有 1,430 萬人，比 ILO 預估值下降更為快速；受新冠肺炎影響，失業率達到 3.2%，約為 162 萬人（= 5,060×3.2%），城鎮地區比農村地區來得更高，分別是 4.33%、2.50%。再加上 2021 年越南經歷多次疫情爆發，生產重鎮受到嚴重衝擊，例如胡志明市、平陽省、同奈省、北江省及北寧省等，3 個月封城期間約 220 萬勞工離開產區選擇回鄉，拒絕復工，導致南部嚴重缺工。

以越南電子業為例，2021 年出口達 1,080 億美元，占出口總額三分之一，雇用 130 萬勞工；然而，越南商工總會（VCCI）雇主辦公室副主任陳氏紅蓮（Tran Thi Hong Lien）對此表示，這些勞工都是廉價勞工，從事簡單組裝工作，有的甚至未達雇主基本技術要求。越南勞動榮軍社會部勞動關係與薪資局副局長阮春祥（Nguyen Xuan Tuong）認為電子業工時長，容易阻礙勞工在職訓練（中央社，2022）。

根據越南學者分析，在全球產業鏈中越南已經參與電子業生產與組裝的所有環節，但嚴重仰賴外國直接投資企業。例如英特爾合作廠商中，越南本土廠商僅有 18 家，三星電子也僅與 7 家合作。而缺乏熟練勞動力，被認為是阻礙越南企業發展的首要因素。他們難以招募並留任熟練勞動力，旗下勞動力幾乎缺乏經驗、專業技能及軟實力，同時缺乏

動力去投資提升技術能力，達到跨國企業標準（香港 01，2022）。

另外，根據世界銀行設定的標準，中低收入國家人均 GDP 在 1,036-4,045 美元間，中等收入國家從 4,046-12,535 美元，而高收入國家在 12,536 美元以上。大多數國家經濟發展，1960 年達到中等收入後停滯不前，只有少數晉升高收入國家，順利擺脫中等收入的陷阱，例如亞洲的日本、韓國、新加坡。越南目前屬於中低收入國家，要如何維繫經濟成長，順利晉升中等及高收入國家，也是一大挑戰（トラン・ヴァン・ドウ，2012）。

參、未來經濟展望

同樣的癥結，世界銀行也投以相當的關注。2022 年 8 月 8 日世界銀行駐越南代表處發布《2022 年 8 月越南經濟更新報告：教育促進增長》專題。世界銀行駐越南首席代表卡洛琳・特克（Carolyn Turk）認為，「教育促進成長」是非常重要之主題，越南急須建立技能勞動力隊伍，以便在 2035 年前發展為中等偏高收入國家。

世界銀行針對企業進行調查，73% 受訪越南企業承認在招聘具有領導管理能力人才上有其困難，而 68% 企業也坦承在招聘特定職位具有專業技術能力人才遇到困難、58% 企業找不到外語人才。越南未來若想要持續發展經濟，提升經濟韌性，輔以知識、產能為經濟增長動能，越南需要一支具備二十一世紀技能的勞動力團隊（世界銀行，2022）。

國際貨幣基金組織（IMF）認為越南經濟穩健增長、基礎紮實，在疫情衝擊下採取審慎政策，維持經濟成長且物價相對穩定，2020 年成為該地區表現最好的經濟體。但是，IMF 建議越南在結構性政策上應加以調整，進行更澈底的結構性改革，以提高生產力，改善商業環境，加強治理減少腐敗，同時必須解決勞動力技能不相襯的問題，提高勞動力質量，尤其是中小企業應力求數位化轉型，以促進經濟長期發展（IMF，

2022）。

前述越南統計總局資料即顯示，2021年越南受過職訓、擁有學位或證書之15歲以上勞動人口僅有26.1%，受雇者中受過職訓的比例，城鎮為41.1%、農村為17.5%，勞動力素質確實有待提升。世界銀行也發現越南學生平均就學10.2年，在東協十國中僅次於新加坡，人力資本指數0.69，在中等偏低收入國家中水平尚佳。但是，越南高等教育及職業訓練領域上表現並不理想。例如，2019年越南25歲人口擁有學士學位或同等學歷者，僅有10.2%。越南高等教育入學率為28.6%，與其他國家比較之下偏低。越南大學生人數現在約2百萬人，但長期來看，為達到中高收入國家，大學生入學名額必須提高到380萬（接近2019年的一倍）。

更令人驚訝的是，越南高等教育教育缺乏公共資金。2004-2019年間，政府投注約GDP 5%的經費在教育部分，占政府總支出15-18%。其中，高等教育占比最低，2019年僅有0.6%。相較之下，2018年韓國支出GDP 0.9%以上之經費用於高等教育，馬來西亞則是0.82%。世界銀行建議，越南在高等教育領域上應挹注更多資金進行結構性和政策性改革（世界銀行，2022）。即便世界銀行和韓國統計總局統計結果稍有落差，但也反映出越南勞動力素質較弱的一面。

綜上所述，1986年越南採取改革開放政策實施以來，經濟快速發展；特別是2007年加入WTO後，在市場型混合經濟體制下加速自由化的發展，2009年非國營企業的工業生產比例大幅超越國營企業，成為支撐越南經濟的主要動力。越南為吸引外資，簽訂多項國際條約，2020年《區域全面經濟夥伴協定》（RCEP）的簽署，在消費人口高達22億、稱得上是全球最大自由貿易區裡，協定關稅減讓，有多達92%貨品最後達到零關稅，有利於越南擴張經貿版圖。

同時，越南經濟體制自由化過程中，許多企業意圖透過壟斷或管制獲得的超額利潤，刺激了裙帶式資本主義的生成。這種裙帶式資本主義

深植於越南外資、國營企業或民營企業內；在此背景下，越南政府、越南勞動總工會（VGCL）、越南商工總會（VCCI）間形成一種合作並妥協的微妙關係。

另一方面，國際大廠曾青睞越南豐沛人力資源、低廉的人事費，而陸續進駐設廠，甚至被學者評論可能是下一個中國；但隨著越南經濟發展、勞工法令保障、減貧計畫的實施、最低工資年年調漲、罷工事件頻傳以及欠缺優質勞動力，少數廠商已發現其魅力不再，深耕越南有其瓶頸。

有鑒於此，越南持續推動「2021-2025年經濟結構調整行動計畫」，以縮小與東協其他國家之差距。諸多目標中，設定民營企業對GDP貢獻度達55%、廣設企業數、推動農工商合作等，都相當令人印象深刻。

即便如此，學者專家也強調越南境內缺乏熟練勞動力，是阻礙發展的首要因素。2022年世界銀行更發表專題報告揭櫫此一深刻的問題，認為越南急須建立技能勞動力隊伍，以迴避其陷入中等收入陷阱的可能。世界銀行建議越南政府應積極挹注資金、特別是投資在高等教育上，降低城鄉差距、積極培育優質勞動力。總結來說，越南經濟發展要邁入下一個里程碑，使在地企業順利轉型升級，端視於其未來是否成功進行結構性改革，妥善建立符合二十一世紀技能的勞動力團隊。

參考文獻

1. VnExpress，2022，〈即使許多工人失業 工廠紅眼也在找人〉。

2. 工商時報，2022，〈寶成工業印尼廠後發先至 產量占比超過越南〉。

3. 中央社，2022，〈越南電子廠雇用130萬人 僅做簡單組裝應強化職訓〉。

4. 王宏仁，2019，《全球生產壓力鏈——越南臺商、工人與國家》，臺

大出版中心。

5. 經濟部投資業務處，2021，〈越南投資環境簡介〉。

6. 潘羿菁，2019，〈寶成蔡佩君示警：越南已無便宜工資了！〉，財訊第583期。

7. 駐越南代表處，2021，〈越南經貿暨投資環境參考資料〉。

8. Do Manh Hong，2015，〈ベトナムの経済発展——国家資本主義からクローニー主義へ〉，《季刊経済理論》，52（2）。

9. 税所哲郎，2022，〈ベトナムにおけるコングロマリットに関する一考察〉，《経営論集》，69（1）。

10. グエン・トウイ，2022，〈貧困問題から格差問題へ—ベトナムの貧困・格差政策の動向〉，《千葉商大紀要》，59（3）。

11. トラン・ヴァン・ドウ，2012，〈ベトナム経済の現段階：発展論と体制移行論からみた特徴〉，《比較経済研究》，49（1）。

12. ILO, 2011, Vietnam Employment Trends 2010.

13. ILO, 2022, World Employment and Social Outlook Trends 2022.

14. IMF, 2022, VIETNAM STAFF REPORT FOR THE 2022 ARTICLE IV CONSULTATION.

15. The World Bank, 2022, Educate to Grow.

16. 越南統計總局，2020, REPORT ON LABOR FORCE SURVEY 2020.

17. 越南統計總局，2021, The Statistical Yearbook Of Viet Nam.

Chapter *6*

越南的國土開發、環境保護及交通物流

林信州[*]

[*] 日本京都大學衛生工學博士，現任環球科技大學生物技術系副教授。

第一節　國土開發

壹、國土形成與範圍

　　根據越南的神話傳說，越南歷史可從現代上溯至安陽王時期（相當於中原秦代期間），從漢朝到宋朝，越南的北部都處在中原王朝的實際管轄之下，之後歷經元朝、明朝時建立交趾行省，乃至成為清朝時的附屬國。西側的長山山脈直接阻擋越南向西擴張，南北方向卻可以長驅直入，越南為了擴張領土，不斷向南延伸，占領南部信仰伊斯蘭教、印度教的占婆、真臘等國，國土從北方以首都河內市為中心的紅河三角洲平原，擴張到南方以最大城市胡志明市為中心的湄公河三角洲平原。1954年奠邊府戰役中打敗法國軍隊，從法國殖民者手中解脫後獨立，隨後的日內瓦會議約定以北緯 17 度線為界，分立南越及北越。1955 年越南戰爭爆發，由西方陣營國家支持的南越對抗東方陣營國家支持的北越。1975 年 4 月 30 日，北越攻占南越首都西貢，1976 年南、北越統一，奠定了越南成為世界上國土最狹長的三個國家（越南、智利及挪威）之一（維基百科，2022）。

　　越南國土南北狹長（約 1,640 公里），東西最窄處 48 公里，海岸線約 3,260 公里（相當於中國的六分之一），幾乎占據了整個中南半島的東部沿海，然而越南的總面積（約 33 萬平方公里）不大，卻被劃分成 58 個省分與 5 個直轄市（維基百科，2022）。

貳、有限的陸地激發水域開發

　　越南國土地形狹長，四分之三面積是高原山地與丘陵，人均可耕地面積僅為 0.11 公頃，相當於世界水準的三分之一，在東南亞中是人均耕地面積最少的國家。特殊的地形、相對貧乏的陸地資源、不斷增長的人口等因素，制約越南經濟和社會發展。

　　1986 年越南提出「革新開放」政策，以經濟建設爲中心，實行改革開放的總體方針，隨著國內經濟成長的帶動，更加凸顯了經濟和社會發展的矛盾。陸地的有限性與經濟成長的矛盾不斷激化後，越南政府開始關注長達 3,260 多公里的海岸線，而如何掌握海權以及經營南海的海權，包含海洋資源、觀光、運輸、貿易、政治、戰略地位等，成爲越南政府內部的共識與相當重視的權力之一。越南從中越冷戰時承認南海隸屬於中國，到統一後不承認南海隸屬於中國，這是越南對南海戰略最大的轉變，也造成中越在冷戰時期，在南海及陸上發生幾次戰爭的主因。近幾年來的「中國威脅論」更是讓越南抓到中國的弱點，再者美國宣稱的南海是屬於國際水域，加上越南採取在美中之間搖擺的策略，使中國也只能眼睜睜看著越南利用美國與俄羅斯的勢力，慢慢將南海蠶食鯨吞而束手無策（王崑義，2014）。

參、土地政策

　　越南土地改革開始於第二次世界大戰後的政治動盪時期，越南獨立同盟會及其後繼者（越共）實行土地改革，贏得了越南農民的支持。1954-1956 年，北越政府沒收地主和富農的土地，並將其分配給貧窮和無地農民。越南社會主義共和國成立後，建立集體農場重新分配土地，但是集體農業政策效果不佳。南越於 1970 年代初通過「土地耕種者計畫」獲得成就。1975 年北越征服南越後，「土地耕種者計畫」中止。1988 年以後，越南當局放棄集體農業政策（維基百科，2022）。

　　1993 年開始，越南國會陸續修改《土地法》之政策法規，基於公平性原則，以抽籤方式分配土地，但因執法不力且缺乏土地調查與繪圖之財政預算，導致土地分配無法掌握完整的土地資料，造成土地使用權證發放緩慢。歷經 1998 年、2001 年及 2003 年之《土地法》增修，2013 年修訂爲現行《土地法》，詳細規定國家爲土地所有權人代表的權利，以及土地使用者的權利和義務、延長農業用地使用期限、土地價

格與市場之變動等。土地政策影響國外資源投入甚鉅，目前越南外資企業之土地使用期限，根據 2014 年通過的《投資法》辦理。2020 年 6 月 17 日越南國會通過增修《投資法》，明確規定投資項目在經營期限屆滿前，投資人希望繼續經營者，除因使用過時的技術或有違反法律要件者（例如，有造成環境汙染風險等）之外，可以正式提出企劃書申請延長經營期限（謝璧蓮，2020）。

目前在越南，土地屬於全體人民，國家作為土地所有權人的代表，統一管理土地。越南法律不承認私人擁有土地所有權，但國家可以將土地劃撥或出租給個人或實體（可基於穩定使用某塊土地，而獲得政府對其擁有該塊土地使用權的承認者）。另外，需要使用土地的個人或實體可以通過土地使用權的轉讓、轉租、出資等方式獲得土地使用權。土地管理方面，以越南政府為中央最高行政機關，決定各省、直轄市土地使用規劃，以及國防和安全用地規劃，負責配置土地資源。在中央層面，具體履行土地管理職責的機關為自然資源和環境部下屬的土地管理總局。在地方層面，各省、區和公社的人民委員會在職權範圍內行使土地管理權，具體履行土地管理職責的機關為各級人民委員會下屬的自然資源和環境管理部門（德恒律師事務所，2019）。

2021 年越南國家大選後，開啓從 2021-2026 年，新的 5 年發展計畫，進一步釋放越南經濟活力，更推動經濟發展。土地政策涉及層面廣泛，對經濟發展影響深遠，消極、靜態不能符合越南社會期待，而積極主動活化土地、提升開發效益、創造資產價值、充裕國家財力等，讓全民共享國家經營管理利益，將勢在必行。展望未來越南的土地政策，可望從人文發展與地區發展特色、重大建設計畫、土地整體開發利用、地區均衡發展、地方經濟成長、觀光發展策略、運輸、產業及用地規劃評估等層面，透過土地使用管制措施與符合地區發展需求，增加土地開發誘因，創造最佳效益（謝璧蓮，2020）。

第二節　環境保護

　　越南是東南亞國家協會（ASEAN）、世界貿易組織（WTO）、亞洲太平洋經濟合作組織（APEC），以及《跨太平洋夥伴全面進步協定》（CPTPP）的成員之一，在全球涵蓋市場相當龐大。越南為發展經濟，早期引進許多高汙染工業，導致環境受諸多破壞；再者隨著經濟、人口快速成長，以及都市化與工業化加速的結果，原有的廢水、廢棄物處理設施已無法滿足現況需求；加上環保法規執行不力、越南國內缺乏相關環境處理技術與設備，以及民眾對於環保觀念的不足等因素，導致越南面臨嚴重的水資源、廢棄物、空氣、土壤等環境汙染問題。

　　越南政府提高國內環保標準，以降低事業廢棄物、廢水或廢氣等對周遭環境的衝擊。為落實永續發展策略，於 2017 年通過「至 2025 年越南環保產業發展提案」，著重廢棄物回收處理、環境汙染分析、檢測與控制等技術發展，同時鼓勵將研究成果商業化，開發符合越南國內環保需求的設備，進而出口具有優勢和競爭力的產品，並以達到滿足國內供水和廢水處理設施需求的 70-80%、固體廢棄物處理與回收需求的 60-70%、廢氣處理設備需求的 70-80%、環境監測設備需求的 40-50%、環保產品需求的 60-70%、出口 20-30% 的環境產業產品等為目標。

　　依據「2020 環境表現指標」，針對 180 個國家評比 32 項環境績效指標，越南在全球排名第 141 名，亞太地區排名第 18 名，顯示越南在環境保護方面仍有許多進步的空間。越南國會於 2020 年 11 月 17 日通過《環境保護法修訂案》，2022 年 1 月 1 日起生效，除了制定環境保護及汙染控管相關規定，同時也要求企業須負起防治環境汙染事故等的責任。不過實際上，越南經濟發展主要是以中小企業為主，多數企業對於環保法規的認知與意識並不高，且越南國內的環保技術或設備方面，目前尚無法滿足市場需求，仍多仰賴國外進口，加上融資不易，故只能

繼續沿用落後的生產技術或不夠先進的機械設備（周雨蓁、顏華廷，2021）。

壹、空氣汙染防制

越南經濟發展突飛猛進，已經成爲東南亞經濟增長速度最快的國家，但隨之而來的是日益嚴重的環境汙染問題。越南的最大城市胡志明市和首都河內市長期出現霧霾現象，空氣汙染指數已經達到影響人體健康的等級，列入東南亞汙染最嚴重城市的排行榜。2019 年，河內市的懸浮顆粒（$PM_{2.5}$）含量超過每立方公尺 300 微克，已高出世界衛生組織 WHO 標準的 20 倍，成爲全球空氣品質最差的城市。不僅止於河內市，空氣汙染已成爲整個越南最嚴重的健康和環境危害之一，這個問題涉及政治、社會、經濟和環境等領域。多年來，空氣汙染對人們健康的影響已經達到驚人的程度。只有 8 天低於國家標準，而胡志明市只有 36 天低於國家標準，大量人口暴露於嚴重汙染空氣之中。造成空氣汙染的原因極其多元，包含人口過度集中、交通（機車、老舊車輛等）廢氣、商業和住宅建築工地的灰塵、火力發電廠（煤炭燃燒等）廢氣、產業（水泥、鋼鐵製造等）廢氣、農業（廢棄物燃燒、季節性火耕等）廢氣、民生（炊事）廢氣等。（駐越南台北經濟文化辦事處，2018；公視新聞網，2019）

越南的日本工商業聯合會（JCCI）主席三浦伸文在 2019 年越南商業論壇（VBF）上，對於越南的空氣汙染問題提出警告，並指出空氣汙染將影響外國投資流量，據估計空氣汙染造成的損失可能高達 GDP 的 5%，將是嚴重的社會經濟問題（駐越南臺北經濟文化辦事處，2020）。

在國家環境政策及法規上，越南除制定國家層級的「2011-2020 年永續發展策略」、「國家氣候變遷策略」、「國家綠色成長策略」、「在 2030 年願景下至 2020 年之國家環境保護策略」、《環境保護法》

與「至 2025 年越南環境產業發展計畫」等 6 項方針外，利用「空氣品質管理國家行動計畫」監控空氣汙染狀況，興建空氣品質監測站，並與國際組織合作，在空氣品質監測管理、減少空氣汙染物排放等方面，採取相關空氣汙染防制措施或計畫（臺灣經貿網，2020）。

貳、汙水處理

隨著人口增加、快速都市化與工業化，原有的廢水處理設施已無法滿足需求，再者因為法律制度執行不力、排水網絡連接率低、廢水和汙泥的收集和處理的投資較低、廢水回收的可能性及費用的成本效益不彰等原因，無奈之下生活汙水、工業廢水、傳統產業、農藥和化肥等的汙染，仍持續影響越南的水環境。儘管 2007 年越南政府批准規定有關廢水處理的綜合改革計畫，但水汙染問題仍明顯呈現增加的趨勢（綠色貿易資訊網，2021）。

目前越南廢水排放標準比臺灣還嚴格，越南工業區的工業廢水多被要求須經監測系統且集中處理後排放，但實際上仍有相當比例的廢水並未經監測及處理就直接排放，或是經由未認證合格的監測系統進行處理等情事亦多有發生。故，相關監測、處理系統或技術，以及廢水回收處理、水汙染防治、供排水等設施的需求極其迫切，且規模相當可觀。然而，越南國內相關廢水、淨水處理技術及設備等，尚無法滿足其國內市場的需求，因此在提高環保標準的情況下，對於國外先進技術與設備的需求也大幅提高（經濟部推動綠色貿易專案辦公室，2019）。

依據世界銀行 2030 年水資源小組的報告（2030 WRG）指出，越南的廢水處理和回收可定為投資重點領域，回收城市廢水有助減輕城市水資源壓力，工業廢水回收可以轉化為商業機會。例如以促進民間參與公共建設（PPP）形式，與公共組織及私人投資汙水處理設施及工業廢水回收處理再利用等，建立共贏的解決方案，尤其是在缺水的熱點地區之

廢水處理和回收再利用方面。有鑒於此，近年來包含歐洲國家、美國、中國、日本、韓國等實力雄厚的外國資源均投入龐大資金及研發能量，前進越南（綠色貿易資訊網，2021）。

參、廢棄物處理

在越南，固體廢棄物多以掩埋為主，且缺乏廢棄物處理相關的法律，導致資源回收方面成效也相對不彰，主要透過民間機構，如越南商工總會、越南紙漿協會、越南包裝回收組織等推動循環經濟概念。依據越南自然資源和環境部統計，越南國內固體廢棄物量從 2010-2019 年成長 46%，主要來自都會區，其次為工業區，其餘則來自醫療或鄉村部門。廢棄物量成長快速，且由於缺乏廢棄物分類觀念以及回收處理能力與設施，以 2019 年為例，回收率約只有 8-12%，故大部分廢棄物皆未分類或未確實分類，亦未被妥善處理。掩埋、露天焚燒或傾倒是最常見的處理方式，其中超過三分之二是以掩埋方式處置，但多數掩埋場仍未達衛生規定（中央廣播電臺，2020）。

因為中國大陸於 2017 年陸續對 24 種固體廢棄物實施進口禁令，2021 年 1 月 1 日起全面禁止進口固體廢棄物，導致歐美等先進國家紛紛將廢棄物轉出口至東南亞國家。在東南亞國家的國內廢棄物問題未得妥善解決的情形下，加上海外廢棄物進口增加，使得東南亞國家深受廢棄物所害，越南也是其中之一。根據越南海關統計，越南 2018 年進口 920 萬噸廢棄物，比之 2017 年增加 14%；為避免淪為歐美廢棄物的棄置場，越南於 2018 年中開始實施有條件限制廢塑膠進口的政策。越南政府為改善廢棄物問題，開始發展「廢棄物資源化」並鼓勵推動 3R（Reduce/Reuse/Recycle）運動，2018 年批准「到 2025 年固體廢棄物綜合管理國家策略和 2050 年願景」，設定到 2020 年與 2025 年的廢棄物收集與處理目標，包括 2025 年所有市中心生活固體廢棄物皆能被收集

並依環境標準妥善處理，且其中 90% 將被回收、再利用或用於有機肥料生產；所有無害及有害工業廢棄物皆能被收集並依環境標準妥善處理；相較於 2010 年，各超市和貿易中心的塑膠袋用量減少 85% 等。值此之際，制定相關廢棄物更完整的政策與制度，務實法規執行的效率，提升國內技術及引進國外技術指導與設施等，將會是越南在未來發展過程中伴隨而至且須迫切解決的課題（周雨蓁、顏華廷，2021）。

第三節　交通、物流、水、電力及天然資源開發

壹、交通與物流

　　相較於東南亞鄰近的國家，越南的交通體系是較完整的，無論在陸運、海運、空運、鐵路網絡等都相對完備，然而與時俱進的提升尚嫌不足。開發中國家的越南，各項基礎建設如機場、碼頭、鐵路、公路等仍嫌不足，有待進一步加強。越南將基礎建設當作經濟發展之主要推動工作之一，如越南交通部於 2020 年已竣工並投入使用 21 項工程；2021 年促進南北高速公路、西原地區及北部山區加強交通連接計畫、重點陸路及鐵路項目及政府開發援助資金（ODA）計畫之施工進度、增加內地水路及鐵路運輸、注重發展應用科技之物流服務並減少物流費用（中華民國廠商海外投資叢書，2021）。

一、鐵路交通

　　越南鐵路全長 3,147 公里，其中 7 條鐵路幹線共 2,670 公里、12 條鐵路支線共 477 公里，隨著廉價航空和高速公路的快速發展，鐵路運輸業因運行速度低、設施設備老舊、競爭力不足等窘境，日益被邊緣化，鐵路貨運量僅占全國貨運總量的 0.6%。目前，越南鐵路客運量占全國旅客交通運輸量的比重不足 1%，旅客把乘坐火車作為最後的選擇。

　　國際鐵道路線方面，有兩條鐵路與中國鐵路連接，一為西北方向的滇越鐵路，經老街進入中國雲南河口直達昆明；另一為河內東北方向，經同登進入中國廣西憑祥市，與中國鐵路網相連接。目前已有河內至北京客運列車，但因軌距不同（越南鐵路軌距1,000毫米；中國鐵路軌距1,435毫米），須在友誼關換轉向架。中國「一帶一路」倡議的泛亞鐵路網越南段，因中越兩國軌距不同，再者越南政府擔心建造成本、反中情緒、主權是否受侵害、地緣政治、過往合作的不滿意經驗等因素，遲遲未有進展（自由時報，2022）。

　　長期困擾越南鐵路的主要問題包括鐵路設備與技術落後、資金投入嚴重不足、管理體制效率低下等。自2000年代以來，越南政府推動鐵路運輸系統的管理體制改革，並利用國際社會提供的政府開發援助資金，加快對越南鐵路系統進行現代化改造。此外，越南正在計畫興建從中部和南方分別連接寮國和柬埔寨的鐵路，以響應東協提出的泛亞鐵路建設計畫（維基百科，2022）。

　　2022年在越共總書記阮富仲同意採用中國標準後，明確地顯示越南、寮國、泰國的鐵路軌距將與中國一致，未來將能提升國際鐵道運輸效率，並降低成本。同時，越南同意加快完成老街－河內－海防的標準軌鐵路規劃，重新融入中國的「一帶一路」倡議（自由時報，2022）。

　　國內鐵道路線方面，河內市至胡志明市的鐵路為主要鐵路幹線，全長1,726公里，貫穿越南，其他鐵路幹線還有北部地區的河內－老街鐵路、河內－同登鐵路、河內－海防鐵路、河內－太原鐵路等。越南政府目前正計畫興建一條採用新幹線技術的高速鐵路，連接河內市和胡志明市（維基百科，2022）。

二、城市軌道交通系統

　　越南的都市鐵路，主要規劃於河內市及胡志明市，提供民眾對公共交通服務的需求，並解決當地的交通壅塞問題。河內都市鐵路又稱為河

內捷運，是越南首都河內市的城市軌道交通系統，現有 1 條路線，全長 13.1 公里，預計規劃完成 12 條軌道交通線。胡志明市的城市軌道交通系統，首條路線已於 2012 年動工，將於 2024 年通車。胡志明市預計規劃完成 11 條軌道交通線（維基百科，2022）。

以河內市都市鐵路（輕軌）為例，與中國大陸合作，以中國技術、中國標準、中國裝備的全產業鏈方式建設，提供先進的現代公共客運方式，不僅推動了交通文化建設發展，也讓民眾逐漸養成使用現代、文明、便捷公共交通的習慣，吸引了眾多越南民眾的青睞。開通輕軌不僅提升河內市經濟發展新動力、促進當地交通更加便捷，亦能有效縮短出行時間，讓民眾有更高效的通勤體驗。以國家層級的觀點而言，都市鐵路讓越南確實感受到高品質基礎設施建設的必要，增加將其推展至未來各項國家建設的信心，同時也奠定了中越兩國在基礎建設領域上廣泛合作的根基。另一方面，都市鐵路的完工通車，不僅意味著中越兩國互利務實合作穩步前進，以長遠的觀點而言，則有利於「一帶一路」倡議和越南「兩廊一圈」（「昆明－老街－河內－海防－廣寧」、「南寧－諒山－河內－海防－廣寧」經濟走廊和環北部灣經濟圈）規劃的對接和中越兩國的互聯互通（南方財經網，2022）。

三、公路交通

越南全國公路總里程 66.8 萬公里，分為五大系統，包含國道、省道、縣道、鄉道、專用道；85.8% 為農村交通道；國道里程約 2.46 萬公里；高速公路里程約 1 千 8 百公里，其中已完工通車 1,163 公里。截至 2020 年底，公路貨運量占越南國內貨物運輸總量的 65% 以上〔中國對外投資合作國別（地區）指南——越南，2021〕。

南、北方公路分別以胡志明市和河內市為中心，向四方伸展，各省之間均有公路相通，多數縣和鄉之間也有公路相連接。其中有兩條主

要的幹線及國防要道，分別爲國道 1 號公路（自友誼關至金甌省南根縣南根鎮）及國道 13 號公路（自胡志明市至與柬埔寨邊界）。國道 1 號公路爲全國最長公路，縱貫南北，全長約 2 千 3 百公里，曾在越南對法國、美國的戰爭時期起過重要作用，並且與緊鄰南北幹線鐵路統一線，同列爲越南交通運輸及軍事戰略的兩條大動脈。整體而言，鋪設柏油路面的比例偏低，省、縣道大多都是泥土公路，由於總體公路路況較差，高標準的道路所占比例偏低，導致嚴重影響經濟發展，無法滿足日益增長的社會經濟發展的需要（地圖守望者，2019）。

依據媒體報導，越南交通部在「越南 2021-2030 年面向 2050 年公路網絡規劃」草案中提出 2021-2025 年期間的 25 個國家重點項目和優先投資項目名單，優先投資重大交通走廊、區域互聯互通以及重點經濟區之間的互聯互通，包括從諒山到金甌的東部南北高速公路；連接北部地區、中部地區與西原、東南地區和九龍江平原的高速公路；河內市和胡志明市的城市環路及其連接線；國際和區域連通的主要國道。2025 年之前，逐步提高西原、西北、九龍江平原等貧困和人口投資比例較低地區的投資比重。更進一步到 2030 年，形成連接各經濟政治中心、重點經濟區、海港和國際機場的高速公路網。其中，規劃完成基本建成區域連通以及連通國際海港、國際機場、進出口商品量大的國際口岸、特級和一級城市間的高速公路網，以達成逐步升級改造國道。同時，便捷國道與二類海港、國際機場、大型內河港口、主要火車站、二類及以下城市交通樞紐的連接。越南新任（2021 年起）總理范明正表示，希望在 2021-2030 年期間，越南能新建近 4 千公里的高速公路（中華人民共和國駐越南社會主義共和國大使館經濟商務處，2021）。

四、水運

水路方面，越南國內河道多，內河運輸發達，內陸水運長 7 千公里，以湄公河及紅河爲主。越南擁有 3,260 公里長的海岸線，沿岸 56

個沿海港口對於越南的國際、國內運輸發揮重要的支持作用，其中包含重要的四大國際貿易貨運港口：越南最大港口──西貢港、北部最大港口──海防港、中部最大港口──峴港、胡志明市之外港──頭頓港（駐台北越南經濟文化辦事處）。

越南實行市場經濟及對外開放政策，積極參與雙邊、多邊自由貿易協定及航運協定，國際運輸市場蓬勃發展，港口貨物輸送量日益成長，顯示越南亟須關注國際航運船隊建設，以滿足實際需求。目前越南海運企業規模、營運能力等方面仍較薄弱，船隊結構主要為小噸位乾散貨船，缺乏營運國際航線的貨櫃船及大噸位船舶。越南物流商業協會（VLA）副主席黎光忠指出，越南須發展一支符合品質標準，具有規模的國際化船隊，也須加強各大型物流中心，尤其是港口系統的連接建設。依據越南航海局統計資料顯示，2021 年透過越南海港系統的貨櫃裝卸量約 2,390 萬 TEU，以進出口及該國境內貨物為主，其中國際轉運貨物的比例低，因此越南未來的投資建設國際轉運貨櫃港口預計將會有很大發展前景（台灣新生報，2022）。

五、空運

自 1986 年開放以來，許多外國航空公司已在越南設立代表辦事處，共有 25 個國家和地區的 68 家海外航空公司及越航等 6 家國內航空公司，從事經營國內及國際航空市場，並且已開通連接越南國內 20 多個城市與中國、韓國、日本、美國、泰國、馬來西亞、俄羅斯、德國、澳大利亞、法國、英國、印度等 28 個國家的 130 多條航線。目前共有 22 個機場正在營運，總營運能力為每年 9 千 5 百萬人次。主要的國際機場包括胡志明市新山一機場、河內內排機場、峴港機場等，加上最新對外營運的廣寧省雲屯國際機場，共計有 10 個國際機場。近年航運載客需求大幅增加，其中河內內排機場和胡志明市新山一機場是目前兩

個最大的樞紐機場〔中國對外投資合作國別（地區）指南——越南，2021〕。

1992 年臺越簽署《航空合作協定》，兩國間開啓通航。從 2002 年僅越南航空公司飛臺北—河內航線，逐漸增開班次，截至 2020 年 4 月，臺越雙方航空公司每週之間有 422 次航班。惟因受「嚴重特殊傳染性肺炎」（COVID-19）疫情之影響，各國對出入境管理執行嚴格之規定，國際航空業受到嚴重衝擊（中華民國廠商海外投資叢書，2021）。

六、物流

2018 年世界銀行物流績效指數報告中指出，越南的物流績效指數（LPI）在 160 個受評比國家中，2016 年排名還在第 64 位，2018 年排名已上升到第 39 位，比 2016 年進步 25 位（世界銀行物流績效指數報告，2018）。全球領先的物流公司之一的 Agility（亞致力物流股份有限公司）提出的《2021 年新興市場物流指數報告》中，2021 年越南排名第 8 位，較 2020 年上升 3 位。越南電子商務協會（VECOM）公布《2020 年越南電子商務指數報告》指出，越南物流業近年成長率約在 14-16%，市場規模約達 4 百億美元。依據「2025 年提高越南物流行業競爭力及物流服務發展行動計畫」顯示，2025 年越南的物流業業務量增幅可望達到 20%，對國內生產總值的貢獻率將達到 5-6%。國際機場協會（ACI）預測，2030 年越南國內航空運輸市場的發展，平均年增長率將達到 10-12%。

依據越南物流商業協會的資料顯示，越南從事物流服務的企業有 4 千多家，其中 95% 是當地小型企業；大約有 2 千家是「一人公司」的物流企業；僅有 1% 之物流企業的資本額超過 1 千億越南盾（約 430 萬美元）；加入 VLA 的物流企業有 400 家，營業額約爲全國市占率的 60%。越南工貿部的報告分析，部分專業的物流中心均逐漸完成全自動

化作業，目前主要物流中心集中在海防市、同奈省與平陽省。

近年來，電子商務平臺快速成長，連帶需要結合優質的物流服務，方能準時將物件送達客戶端，達到賣家、運送業者及買家三贏的成效。例如，越南目前最多人使用的物流公司 Giao hàng tiết kiệm（GHTK）透過出貨連結訂單整合電商平臺系統，送件準時率高，確實能為賣家加分。因為 GHTK 擁有 1 千多個運輸點，投資 1 千多輛卡車並擁有 2 萬多名快遞員，建立全國性的物流系統，確保在全省範圍 6 小時內、全國城市間 48 小時內交貨的服務品質。

然而，限制越南物流業發展的最大之因素是運輸方式，也因此堆高了物流成本，在各主要交通走廊上之聯繫均極為不便，尤其是鐵路與內陸水道、港口、城市中心、以及生產中心之間的連接，仍有非常大的進步與改善空間。

近年物流業不斷成長，儼然已成為支撐越南經濟發展的產業之一。物流業受到市場環境影響，傳統物流業的管理及運作方式，已經無法滿足現代企業對於物流的高度需求，因此產業轉型勢在必行。隨著物流業結構性的改變將予越南帶來發展契機，而包含冷鏈物流投資、倉儲需求、加快數位轉型、與電商網路平臺連結、大數據的分析運用、運送系統（運輸、配送、裝卸搬運、倉儲、包裝及資訊處理等）、人力資源的訓練與調度、品質管理體系與標準化等條件的掌控，如何打造多元、完整的運作體系，以提升物流產業競爭實力，將是致勝的關鍵所在（工商時報，2021；臺灣經貿網，2022）。

貳、水資源

越南位於河流密布的熱帶氣候地區，擁有豐富的自然資源，充沛的地上水資源、降雨量和地下水資源。然而，依據世界銀行的數據顯示，越南被列為最有可能受到氣候變化影響的國家之一；另依據風險管理指

數（INFORM）顯示，越南在面臨高自然災害風險的 191 個國家中排名第 91 位，在氣候相關災害的嚴重影響方面排名第 16 位。此外，在人口增長、快速的城市化和工業化等因素的催化下，面臨重大的供水和汙水管理壓力。越南政府正積極加強並完善水資源保護體制和政策，同時可望帶來龐大的市場挑戰及商機（綠色貿易資訊網，2021）。

越南的年降雨總量約 2 千毫米（臺灣的年降雨總量 2 千 5 百毫米；世界平均年降雨量 9 百毫米），水資源算是相當豐富，然而受到氣候變遷、降雨季節與地區分布不均等因素的影響，使得越南近年來接連出現洪災與旱災，再加上日益嚴重的水汙染、飲用水安全、缺乏廢水處理技術與設施等問題，不僅造成經濟損失，也影響超過 70% 人口的生活（周雨蓁、顏華廷，2021）。

地表水方面，越南境內主要的河川有湄公河、紅河、西貢河等，全國大小河流共 2,860 條，總長達 4 萬 1 千公里，水域面積約占國土面積（約 33 萬平方公里）的 6.4%。地下水方面，開採總儲量達 2 千萬立方公尺，地下水供應量占全國城市生活用水總量的 35-50%。依據胡志明市證券公司（HSC）分析，越南因高而穩定的經濟增長以及快速的城市化和人口增長，導致工業生產和消費的用水需求急劇增加，2017-2020年期間水務產業（行業）的複合年增長率分別為工業用水 43% 和生活用水 35%，故水資源產業的前景看好。

然而，實際上越南水資源存在著嚴重的威脅，由於氣候變化，越南南部地區旱季持續 6-8 個月，降水量減少；乾旱導致湄公河三角洲鹽分入侵嚴重；主要河流多發源自其它國家，因上游國家（如中國大陸、寮國）的開發及建設水壩等，導致水量（每年跨界河流和小溪流向越南的水量約占 63%）與水質均受到影響，使得越南在乾季與旱季的調適上相對脆弱。依據世界銀行的計算，至 2030 年越南旱季的總水量需求將增長 32%，越南 16 個主要流域中有 11 個流域將面臨缺水問題，尤其是在占越南國內生產總值 80% 的 4 個主要流域（紅河、湄公河、同奈河

及東南流域）。另外，水資源分布不均的情況嚴峻，自北部邊界省分至胡志明市人口約占全國 80%，但水資源僅占越南水源總量約 40%，其餘 60% 的水源則分流至僅有 20% 人口的湄公河三角洲地區（綠色貿易資訊網，2021）。

越南由於快速的都市化和工業化過程，正在經歷著快速的社會經濟發展，傳統的農業及民生供水已承受巨大壓力，更須面對民生和工業用水的需求高漲。越南受其先天條件限制及人為因素影響，除了上述存在之威脅外，可將水資源課題歸類為：(1) 降雨分配不均；(2) 水汙染；(3) 地下水超抽；(4) 飲用水安全（水利署電子報，2018）。

有鑒於此，依據越南「2021 年水資源重要任務啟動會議」中提及，水資源在社會經濟發展、國防、環境保護、國家可持續發展性，以及確保國家水安全方面擔任重要角色；揭示 2021-2030 目標包含指導地方政府實施有關水源保護規定、限制地下水開挖政策及公布省市內水源清單、處理廢水、河流和湖泊水源的負荷能力、完善水資源監測、警報及預報系統等（綠色貿易資訊網，2021）。

參、電力開發

隨著能源使用需求大幅增加，越南自 2015 年起已成為能源的淨輸入國。越南是具備再生能源發展潛力的國家，但是因為技術面、經濟面、制度面及市場面上，包括基礎建設不足、專案融資困難、電價低不利再生能源發展、缺乏具吸引力之獎勵政策、再生能源產業相關技術及資訊取得不易等的影響，致使其發展程度偏低。越南政府為推展再生能源開發政策，以 2050 年為目標，透過延緩能源活動溫室氣體排放、減少能源用途之燃料進口、增加再生能源生產與使用、增加再生能源發電等具體措施，降低越南國內對燃煤、天然氣、石油等傳統非再生能源的依賴（KPMG, 2020）。

　　截至 2020 年底，越南電力總裝機容量 69,300 兆瓦，居東南亞國家聯盟第 2 位（僅次於印尼），在世界排名第 23 位。國有的越南電力集團（EVN）是集全國電力生產、供應和分配調度於一體的電力中樞企業，2020 年越南電力集團生產、購買電力約 2,470.8 億千瓦時。越南全國高壓電網 2.4 萬多公里，其中 500 千伏電網全長 7 千 8 百公里，220 千伏電網全長 1 萬 7 千公里以上，110 千伏電網全長 1 萬 9 千 5 百公里。2020 年從中國電力進口約 21 億千瓦時，中資企業在越南電力建設和投資市場有較強競爭力，目前已經完成和正在實施多項電力開發計畫〔中國對外投資合作國別（地區）指南──越南，2021〕。

　　越南長期以來電力供不應求，限電情況時有發生，不僅影響民生用電，也嚴重打擊產業產能，故供電系統及基礎設施尚待加強。面對國家現在的基本需求與未來競爭力的發展，越南工商部研擬「國家電力 2021-2030 年發展計畫，願景至 2045 年」（PDP VIII）草案，內容包含審查燃煤與燃氣發電、太陽能發電等項目及有關至 2030 年越南國家能源發展戰略方向，願景至 2045 年之電力相關目標、過渡性風能與太陽能項目機制、引導再生能源發電企業與大型電力用戶直接購電售電機制之決定等。有關至 2030 年越南發電結構，越南工商部提議發電廠總裝置容量約 120,995-148,358 兆瓦（未包括屋頂太陽能與汽電共生）。其中，水力發電占 19.5-22.1%、燃煤發電占 25.3-31%、燃氣發電占 24.7-26.3%，以及再生能源與進口電力占比分別為 17.9-23.9% 以及 3.3-3.4%（越南 VietnamPlus 網報，2022）。

　　為適應清潔能源發展趨勢，減少環境汙染，越南政府鼓勵對太陽能、風能等清潔能源領域的投資，國內外投資者可以 BOT、BT、合資及獨立電廠（IPP）等方式投資越南電力產業。根據越南媒體報導，越南工商部正針對「客戶直接向再生能源發電單位購買電力協議（DPPA 機制）」試驗規定進行草案徵詢意見。依此規定，將電力用於工業生產（電壓等級為 22 千伏特級以上）的客戶，可以簽訂期貨合約方式與太

陽能和風力發電廠協商及簽約購買電力。電力購買交易將透過現貨市場，並依照越南工商部競爭性電力批發市場機制商運。2019 年起越南正式營運電力批發競爭市場，再生能源達約 55.4 億千瓦時（其中太陽能約為 46 億千瓦時）（中華民國廠商海外投資叢書，2021）。

越南官方指出，根據 PDP VIII 計畫草案，將大幅削減二氧化碳排放量，在規劃期間內不興建新燃煤電廠，並從煤炭與天然氣轉換到生質、氨及氫。另，相較於以前的電力發展計畫案，對能源結構與電力發展空間進行顯著改變，有助於減少投入資金。PDP VIII 計畫草案經多次修訂、補充及更新，並且根據越南於 2021 年 11 月在英國格拉斯哥市舉辦之「第 26 屆聯合國氣候變遷峰會」（COP26）所做之至 2050 年實現淨零碳排目標之承諾，以及發展綠色與循環經濟之要求，對草案進行增修。PDP VIII 計畫草案規劃至 2045 年將燃煤發電占總發電量比例降至 9.6%，同時將風能與太陽能發電占比提高到 50.7%，以確保越南對能源轉型之承諾（越南 VietnamPlus 網報，2022）。

肆、天然資源開發

越南全國大小河流共 2,860 條，總長達 4 萬 1 千公里，海岸線長達 3,260 公里，蘊藏豐富的淡水和海洋資源；全境有四分之三的面積被丘陵、高原和山地所據，擁有茂密的熱帶森林資源，林業資源有木材、橡膠、籐、竹等。並且，越南是一個以農業為主的國家，積極投入經濟作物的栽培，其中稻米是主要農產品（北部的紅河三角洲與南部的湄公河三角洲是越南兩大米倉），其他如甘蔗、香蕉、椰子、咖啡、茶等亦多產，極具農業潛力。同時，擁有大量且豐富的能源資源，包含石油、天然氣和煤炭及提供水力資源的水道。中北部蘊藏豐富的礦產，如磷灰石、鋁土、鐵、鉛、金、寶石、錫、鎢、鋅、鉻、無煙煤、花崗岩、大理石、粘土、白沙、石墨等；南部沿海則有石油。尤其石油、天然氣和

煤炭是越南經濟發展之重要天然資源。

依據越南國家統計總局的資料顯示，2020 年越南煤炭產量約 4,838 萬噸，2021 年產量約 5,033 萬噸，2022 年 1-11 月產量累計約 4,593 萬噸，比 2021 年同期增長 5.8%。隨著經濟的發展，越南對煤炭的需求不斷上升，在本土煤炭產量增長之潛力有限的情況下，2015 年煤炭的消費量就已超過了生產量，因此越南須仰賴進口煤炭，且其需求將有逐年增加的趨勢（國際煤炭網，2022）。

越南的油氣儲量位居世界第 26 位（約 15 億立方公尺），但產量僅排在第 34 位（騰訊網，2022）。2016-2021 年，越南原油開採量逐年下滑，平均每年減產 1 百萬噸，爆發一系列的石油危機，直至 2022 年開採量才大幅增加，越南國家油氣集團（PVN）營收額與 2021 年同期相比增長 55%（VN Land Notes 越南投資札記，2022）。天然氣方面，依據 BP Statistical Review of World Energy（2021）統計資料顯示，越南天然氣蘊藏量 6 千億立方公尺，2019 年生產量 99 億立方公尺，2020 年生產量 87 億立方公尺。

近年來，越南進一步加強引進其他國家的投資與技術，在能源及非金屬和金屬礦產資源的勘探、開採、加工利用、銷售等領域的多元合作，尤其是石油和天然氣，愈來愈受到國際勘探開發機構的高度重視。據此成為越南重要經濟支柱，亦延伸對於保障海島主權安全、經濟安全、能源安全、糧食安全等發揮重大的功效（啓源會計師事務所有限公司，2020；中華民國廠商海外投資叢書，2021）。

參考文獻

1. BP Statistical Review of World Energy，2021。

2. KPMG，2020，〈越南的「再生能源產業」發展潛力與投資建議〉。取自網址：https://kpmg.com/tw/zh/home/insights/2019/06/tw-vietnam-

renewable-energy-industry-investment-potential.html。

3. VN Land Notes越南投資札記，2022。取自網址：https://www.vnland-note.com。

4. 工商時報，2018，〈強化區域政經地位及角色——越南要做亞洲之虎〉。取自網址：https://view.ctee.com.tw/economic/6963.html。

5. 工商時報，2021，〈越南物流業之現況與發展〉。取自網址：https://view.ctee.com.tw/economic/31959.html。

6. 公視新聞網，2019，〈全球空氣最糟城市越南河內PM2.5超標20倍〉。取自網址：https://news.pts.org.tw/article/448930。

7. 中國中央廣播電臺，2020，〈中國明年起全面禁止洋垃圾 東南亞國家恐受新一波衝擊〉。取自網址：https://www.rti.org.tw/news/view/id/2087095。

8. 中國對外投資合作國別（地區）指南——越南，2021。

9. 中華人民共和國駐越南社會主義共和國大使館經濟商務處，2021，〈越南交通運輸規劃未來5年將優先投資建設25個重點公路項目〉。

10. 中華民國廠商海外投資叢書，2021，〈越南投資環境簡介〉。取自網址：http://fec.mofcom.gov.cn/article/tzhzcj/xgzx/202109/20210903203902.shtml。

11. 水利署電子報，2018，〈新南向國家水資源概況及水利產業策略〉。取自網址：https://epaper.wra.gov.tw/Article_Detail.aspx?s=4520&n=30177。

12. 王崑義，2014，〈從海洋戰略看越南的南海政策〉，《臺灣國際研究季刊》，10（4），頁179-191。

13. 世界銀行物流績效指數報告，2018。

14. 地圖守望者，2019，〈越南交通現狀與《越南道路交通地圖集》〉。取自網址：https://www.chizusekai.com/nd.jsp?id=122。

15. 自由時報，2022，〈唱和一中喜獲農產准入 越南願踩債務陷

附回報習？〉。取自網址：https://ec.ltn.com.tw/article/breaking-news/4121940。

16. 周雨蓁、顏華廷，2021，〈越南環境處理概況與發展機會〉，《經濟前瞻》，第193期。

17. 南方財經網，2022，〈「一帶一路」旗艦項目巡禮之十二 越南首條輕軌助推河內經濟圈中越未來合作趨向多元〉。取自網址：https://www.sfccn.com/2022/10-10/2OMDE1MDVfMTc2Njg2OA.html。

18. 啓源會計師事務所有限公司，2020，〈投資越南的十個理由〉。取自網址：https://www.kaizencpa.com/download/offshore/Top%2010%20Reasons%20Why%20to%20Invest%20in%20Vietnam(CHT).pdf。

19. 國際煤炭網，2022。取自網址：https://coal.in-en.com。

20. 越南VietnamPlus網報，2022，〈國家電力2021年至2030年發展計畫，願景至2045年草案〉。取自網址：https://www.gov.tw/News5_Content.aspx?n=11&s=629941。

21. 越南VietnamPlus網報，2022，〈越南國家電力發展計畫將大幅減少二氧化碳排放量〉。取自網址：https://www.taiwanembassy.org/vnsgn/post/36368.html。

22. 經濟部推動綠色貿易專案辦公室，2019，〈越南環保產業──水資源管理與廢水處理近況與商機〉。取自網址：file:///C:/Users/user-2/Downloads/%E8%B6%8A%E5%8D%97%E7%92%B0%E4%BF%9D%E7%94%A2%E6%A5%AD_%E6%B0%B4%E8%B3%87%E6%BA%90%E7%AE%A1%E7%90%86%E8%88%87%E5%BB%A2%E6%B0%B4%E8%99%95%E7%90%86%E8%AA%BF%E6%9F%A5%E5%A0%B1%E5%91%8A%20(2).pdf。

23. 綠色貿易資訊網，2021，〈越南水資源概況〉。取自網址：https://www.greentrade.org.tw/purchasing_info/content?id=244490。

24. 維基百科，〈越南〉。2022年8月2日，取自網址：https://zh.wikipedia.

org/zh-tw/%E8%B6%8A%E5%8D%97。

25. 維基百科，〈越南土地改革〉。2022年8月3日，取自網址：https://zh.wikipedia.org/wiki/%E8%B6%8A%E5%8D%97%E5%9C%9F%E5%9C%B0%E6%94%B9%E9%9D%A9。

26. 臺灣新生報，2022，〈越南積極推動國際航運船隊〉。取自網址：https://tw.news.yahoo.com/news/%E8%B6%8A%E5%8D%97%E7%A9%8D%E6%A5%B5%E6%8E%A8%E5%8B%95%E5%9C%8B%E9%9A%9B%E8%88%AA%E9%81%8B%E8%88%B9%E9%9A%8A-114725386.html。

27. 臺灣經貿網，2020，〈越南綠色產業政策與措施簡介〉。取自網址：https://info.taiwantrade.com/biznews/%E8%B6%8A%E5%8D%97%E7%B6%A0%E8%89%B2%E7%94%A2%E6%A5%AD%E6%94%BF%E7%AD%96%E8%88%87%E6%8E%AA%E6%96%BD%E7%B0%A1%E4%BB%8B-2121338.html。

28. 臺灣經貿網，2022，〈投入數位化營運模式 國家經濟支柱 《越南》物流產業成長強勁〉。取自網址：https://info.taiwantrade.com/biznews/%E6%8A%95%E5%85%A5%E6%95%B8%E4%BD%8D%E5%8C%96%E7%87%9F%E9%81%8B%E6%A8%A1%E5%BC%8F-%E5%9C%8B%E5%AE%B6%E7%B6%93%E6%BF%9F%E6%94%AF%E6%9F%B1-%E8%B6%8A%E5%8D%97-%E7%89%A9%E6%B5%81%E7%94%A2%E6%A5%AD%E6%88%90%E9%95%B7%E5%BC%B7%E5%8B%81-2490087.html。

29. 臺灣經貿網，2022，〈越南物流業必須跟上國際標準〉。取自網址：https://info.taiwantrade.com/biznews/%E8%B6%8A%E5%8D%97%E7%89%A9%E6%B5%81%E6%A5%AD%E5%BF%85%E9%A0%88%E8%B7%9F%E4%B8%8A%E5%9C%8B%E9%9A%9B%E6%A8%99%E6%BA%96-2512440.html。

30. 德恒律師事務所，2019，〈越南土地制度介紹〉。取自網址：https://www.mondaq.com/real-estate-and-construction/870716。

31. 駐越南臺北經濟文化辦事處，2018，〈空氣汙染是越南的無聲殺手〉。取自網址：https://www.taiwanembassy.org/vn/post/10894.html。

32. 駐越南臺北經濟文化辦事處，2020，〈外國投資者：空氣汙染可能導致越南GDP下降5%〉。取自網址：https://www.roc-taiwan.org/vn/post/16522.html。

33. 駐臺北越南經濟文化辦事處，〈越南簡介〉。取自網址：http://www.vecolabor.org.tw/vecotw/page.php?3。

34. 謝璧蓮，2020，〈越南土地政策的演進〉。取自網址：https://view.ctee.com.tw/economic/23700.html。

35. 騰訊網，2022，〈越南石油儲量世界第26位，油價上漲不慌？〉。取自網址：https://new.qq.com/rain/a/20220314A000TQ00。

Chapter *7*

中國防疫政策對中越經貿合作的影響和前景

許淑敏[*]

---

[*]　中國南開大學管理學博士，現任環球學校財團法人環球科技大學董事長。

　　越南向來是國際知名品牌電子產品、紡織品及鞋類等商品重要製造商的匯集地。近年來，越南政府重視「數字經濟」，正在執行「到2025年面向2030年的國家數字化轉型計畫」，全力推進數字平臺基礎設施的建設和開發，同時積極發展「綠色經濟」，執行「2021-2030年面向2050年綠色增長國家戰略」，支持新能源和再生能源的開發及利用、鼓勵企業加快綠色轉型、開展綠色低碳，擴大國際合作。據中國海關統計，儘管受全球新冠疫情的影響，2021年越南與中國貿易額仍達到1,658億美元，同比成長24.6%。而中越雙邊貿易額，2021年達到2,302億美元，同比成長19.7%，首次突破2千億美元。2022年至9月中越雙邊貿易額也達到1,323億美元，同比成長10.2%。中國仍然是越南第一大貿易夥伴和第二大出口市場。越南也保持中國在東協（ASEAN）的第一大貿易夥伴和在全球的第六大貿易夥伴。

第一節　越南經貿現況

壹、越南經貿概況

　　近年來越南不斷地努力改善投資政策和經營環境，吸引大量的外資，是東南亞發展最迅速的經濟體之一，外資直接投資越南的來源涵蓋18個領域，以亞洲國家占最大份額。對外和世界重要的經濟體簽署了15個自由貿易協定，並參與多邊和雙邊的貿易合作，有利於外國企業在越南的蓬勃發展。根據越南計畫投資部（2021）的數據顯示，有76%的外企對越南政府的外資投資政策和措施，給予良好的評價，而在越南的外企約有90%以上確實獲利，約有66%的外企計畫於2023年持續提高在越南投資的規模。中華經濟研究院楊書菲（2022）分析，越南離中國較近，中國零組件運往越南，或在供應鏈的轉移上具有便利性，因此，越南將生產製造加工作為全球供應鏈的定位，儘管越南自身供應鏈

體系還未完整，藉由中國供應鏈體系的優勢恰可彌補越南之不足。

貳、吸引外商投資

越南是靠工業發展起來的，越南的工業產值中極大一部分是靠外資企業帶動，綜觀越南吸引外資的因素多樣，其中最重要的是越南在疫情期間防疫得當的成效，得到了國際社會的認可。

根據楓語廣告 2022 年 9 月對越南投資情況的分析，國際資金近年來把越南當成優先考慮投資的國家，至 2022 年越南吸引外國資金創 5 年來新高，外國投資者在越南全國 49 個省展開投資，注冊資本額以平陽省領先，胡志明市排名第二，共計占外資投資總額三成多。外國投資以加工製造業占 63% 居第一，房地產占 22.5% 居第二。從投資項目來看，2022 年世界大廠在考量越南市場和其出口導向兩個因素下，積極布局投資越南。其中大型投資項目，如三星電子計畫 33 億美元、富士康集團 3 億美元、及丹麥樂高集團總投資超過 13 億美元的項目。從外資到越南投資及到位資金的具體數據來看，歷年來到位資金率逐漸攀升。根據越南計畫投資部外國投資局統計，2022 年前 8 個月，外資到越南投資的前 5 大國，分別為新加坡、韓國、日本、中國和丹麥等國家及地區，詳見表 1。

表 1　2022 年前 8 個月越南前 5 大外資來源國

國家	投資總額（億美元）	占比
新加坡	45.34	27%
韓國	35.02	20.8%
日本	14.92	8.88%
中國	14.07	8.4%
丹麥	13.21	7.86%

資料來源：越南計畫投資部外國投資局、王爺說財經。

　　王爺說財經（2022）提出越南外資數據顯示，根據越南外國投資局評估，2022 年上半年外商的投資項目，資金到位率比 2021 年上半年增加 8.9%，其顯示，儘管新冠疫情肆虐、俄烏衝突和高通貨膨漲等全球經濟動盪形勢下，在越南外資企業的經營和生產的活動並未曾間斷，不僅各項生產持續恢復中且有擴大的現象，越南依然被全世界的資本認為是一個具有吸引力和經濟快速發展的國家。

參、中國封城與越南經貿

　　當新冠疫情蔓延，中國開始採取封城防疫政策，如果封城政策持續，很可能影響中越的經貿，甚至導致中國和越南之間的邊境貿易因此中斷，對雙邊貿易商是不小的災難。然而，不可否認，由於疫情的影響，中國實施封城政策，使得製造業的訂單由中國再度回流到越南，加上越南政府的引資和對外招商的政策更為開放，2022 年上半年越南的製造業的增長率因而加速增長。根據統計，中國在越南投資的上市公司應該超過 180 家。根據福建楓語廣告公司分析，中國無論是外資或內資的製造業大廠紛紛轉移到越南，其主要的原因有以下幾點：(1) 越南以寬鬆的防疫政策和優惠關稅吸引外資；(2) 中越相鄰，風俗文化相近，貿易物流便利；(3) 越南人工成本低，中國人口優勢消退；(4) 避開中美貿易的摩擦，向外轉移分散貿易風險。

　　夏小華（2022）分析，越南 2022 年上半年經濟大爆發，第二季GDP 狂漲了 7.72%，創 11 年來新高，其中服務業的零售銷售在第二季的年比增加 19.5%，服裝和紡織品的出口額也創下歷史新高，越南經濟增速是中國的 3 倍多，成為製造業自中國出走的最大受惠國。專家學者分析，中國清零封城下，企業紛紛自中國出走，移轉到越南，除了越南在疫情期間採取的防疫措施是就地生產、用餐、休息的「三就地原則」，企業不必停工，其他原因如：(1)較少經濟力和政治上的干擾；(2)具勞動成本較低之優勢；(3) 鄰近中國；(4) 人力充足、內需市場大；(5)

與多國簽有自由貿易協定；(6) 以招商、帶動經濟爲主，符合自由經濟市場的條件。不可否認，人力成本較低應是企業由中國移轉到越南的主要因素，根據JETRO（2020）調查報告指出，在越南非製造業的勞工，有工作經驗者的月平均薪資約611美元，是中國大陸的57%；製造業勞工有工作經驗的月平均工資約250美元，是中國大陸的47%。信傳媒報導（2022）指出，越南最大外銷市場是美國，上半年對美國的出口額增長22.5%，高達559億美元，所以，越南也是中美貿易戰的受益者。

第二節　中越經貿關係與發展

中國與越南的關係曾經是起起伏伏的，直到1991年才關係正常化。越南自從1986年開始實行「大國平衡外交政策」，儘管目前中國是越南的最大夥伴；不可否認，美國仍然是越南最大的出口市場，越南更多的外匯還是從美國賺取。所以，越南在中美兩大國之間保持中立地位，謹慎地去爭取最大化的國家利益，因此越南慣用「竹式外交」以謀取國家間的經貿利益，始終沒變。

壹、中越經貿史

越南於西元前214年秦朝時納入中國版圖，至北宋冊封爲藩屬，因此在經濟上，始有「藩屬國進貢，宗主國回賜」的關係。所以，兩國正式開展的國家貿易，可追溯至宋朝。從歷史角度來看，中國與越南之間存在著密切的歷史淵源，中國文化對越南有深遠的影響，兩國人民往來密切且友好，由於經濟、文化的交流不斷，因而爲中越經貿關係和社會的發展提供了深厚的歷史基礎。中越貿易在封建時期非常繁榮，除了有封建政治色彩的「朝貢」與「回賜」貿易外，還存在各類民間邊境貿易。綜觀中越經貿發展的歷史脈絡，在不同時期，均有不同內容和特點的貿易方式。胡均民等（2005）將中越經貿關係的歷史沿革歸納爲：(1) 古

代的朝貢貿易；(2) 近代的市場貿易；(3) 現代的全面經貿合作；(4) 未來區域經濟融合的發展歷程四個階段。1950 年中越兩國正式建交，在 1950-1970 年代雙方經貿往來較爲緊密，1991 年中越邦交恢復正常化，1999 年兩國關係的發展明確爲「長期穩定、面向未來、睦鄰友好、全面合作」的方針，兩國邊境問題得到解決，雙方互信度增加，從此雙邊貿易再次快速發展。2002 年在《中國—東協全面經濟合作框架協議》下，爲中越貿易合作打下牢靠的基礎，更爲兩國貿易關係的發展注入新的活力。2006 年加入東協自由貿易區（AFTA），2010 年東協間全部將關稅降至 0-5%，進一步推進中越經貿合作的力度。目前中越兩國已建立全面戰略合作夥伴關係，雙方經貿合作繼續將走向更深更廣。

貳、中越經貿現況

一、中越近年雙邊貿易情況

　　根據中國海關統計，由 2020-2021 年中越月度貿易額來看，每年 12 月分達高峰，2 月分處於年度的最低點，其他月分相對是平穩的。2021 年中越雙邊貿易額達到 2,302 億美元，這是兩國貿易額首次突破 2 千億美元，其中中國自越南進口額 922.32 億美元，對越南出口額 1,379.05 億美元。近 10 年中越雙邊貿易額維持上漲趨勢，中國對越南的貿易雖有升有降，然而卻一直保持較大的貿易順差。截至 2021 年 11 月，越南與大多數重要合作夥伴簽署自由貿易協定，並建立起多邊自由貿易的關係，如 2018 年 12 月生效的《跨太平洋夥伴全面進步協定》（CPTPP），及 2022 年 1 月 1 日生效的 15 個《區域全面經濟夥伴協定》（RCEP）。近年來，越南政府在各項經貿的協定下，戮力於雙邊貿易和投資的促進，力求爲融入全球產業價值鏈，並希望爲全球經濟一體化做出一些貢獻。從 2011 年起中越兩國陸續簽署經貿合作協定，詳見表 1。

表1 2011-2022中越簽署經貿協定

年分	簽署協定和內容
2011	中越經貿合作5年發展規劃。
2013	關於建設發展跨境經濟合作區的合作備忘錄。
2016	中越經貿合作5年發展規劃補充和延期協定。 重簽《中越邊境貿易協定》。
2017	「一帶一路」倡議與「兩廊一圈」規劃發展戰略對接協議。 簽署基礎設施合作、電子商務、跨境合作區談判等協定。 制定5年規劃重點項目清單。
2021	關於成立中越貿易暢通工作組的合作備忘錄。
2022	中越政府制定關於「一帶一路」倡議與「兩廊一圈」規劃戰略對接的實施方案,《關於進一步加強和深化中越全面戰略合作夥伴關係的聯合聲明》。

資料來源:中國駐越南大使館經濟商務處,2022。

　　越南鄰近中國,對外政策效法中國,兩國市場關係緊密連結,又有深度融合的產業供應鏈,因此,中國兩國經貿上的合作一直保持穩定的發展,中國是越南第一大進口來源地、第二大出口目的地和第一大貿易夥伴。2020年越南可說是中國在東協最大的貿易夥伴和全球前十大貿易夥伴;而2022年中國對越南投資規模仍然持續擴大。2016-2021年中越雙邊貨物進出口額,詳見表2。

　　根據華經產業研究院(2022)的報告,2021年中國對越南進出口商品總值為2,302億美元,相比2020年同期成長了379.1億美元,同比增長19.7%;中國對越南出口商品總值為1,379.3億美元,相比2020年同期成長了241.1億美元,同比增長21.2%;而中國自越南進口商品總值為922.7億美元,相比2020年同期成長了138億美元,同比成長17.6%。統計數據顯示,2016-2021年中越雙邊貨物進出口額是持續上漲,貿易差額有擴大的趨勢。

表2　2016-2021年中越雙邊貨物進出口額

（單位：億美元）

年分	進出口總額	中國進口	中國出口	貿易差額	成長率（%）		
					進出口	進口	出口
2016	982.3	371.3	611.0	239.7	2.5	24.5	-7.5
2017	1,212.7	503.3	709.4	206.1	23.4	35.4	16.1
2018	1,478.6	639.6	839.0	199.4	21.2	27	17.2
2019	1,620.0	641.3	978.7	337.4	9.6	0.3	16.7
2020	1,922.9	784.7	1,138.1	353.4	18.7	22.4	16.3
2021	2,302	922.7	1,379.3	456.6	19.7	17.6	21.2

資料來源：中國海關總署、中國駐越南大使館經濟商務處，2022。

二、中國對越南投資

　　近年來中國對越南直接投資成長快速，期間以波浪狀的趨勢上升。胡鎖錦等（2022）分析，至2021年10月，中國對越南投資總額已達209.6億美元，共3,296個有效項目，為越南第7大外資來源國，主要投資項目在加工業製造、尤其是手機、電子、計算機、機械設備、紡織服裝，其次是房地產和電力生產等領域。根據中國商務部統計（2021），中國對越南較大型的投資項目包括：天虹海河工業區、鈴中加工出口區、龍江工業園、海防─深圳經貿合作區、申洲國際、立訊精密、歌爾科技、百隆東方、天虹集團、藍思科技、越南光伏、賽輪有限公司、永新火力發電廠等。實際上，越南對中國的直接投資總額較小，且統計數據疑似有嚴重缺失的情況。讓我們對比2020-2021年中越整體貿易結構沒有太大變化，不過各行業的總體貿易額皆呈現上升的趨勢。

參、中國對越南進出口

　　2021 年中國自越南進口集成電路 388.67 億美元，其中處理器和控制器占 383.45 億美元，爲最多；而中國自越南出口集成電路 271.33 億美元，其中處理器和控制器占 182.72 億美元。中國自越南進口電子零件 401.33 億美元，自越南的出口電子零件 193.83 億美元，其中中國自越南進口電話機、其他接收或發送聲音、圖像或其他數據用的設備占 367.05 億美元，出口則占 149.19 億美元。近兩年集成電路和電子類產品爲中越雙邊貿易最多的兩種商品，因而越南在這兩類產品上對中國有較大的順差。除外，中國也向越南出口較多的服裝製造材料；而越南則向中國出口較多的棉紗、橡膠鞋靴和鋼鐵等半成品。

　　2020-2021 年中國自越南進口最多的 5 個省市，分別是越南在中國最大的貿易夥伴省廣東省，進口額達到 447 億美元；再來依序是 265 億美元的上海；163 億美元的江蘇；149 億美元的廣西省；而河南省則從越南進口 119 億美元，排在第五。中國對越南出口額排名前三的省分，分別爲以出口 420 億美元排第一的廣東省；以 402 億美元排第二的廣西壯族自治區；以 379 億美元排第三的江蘇省。中越進出口商品主要類別見表 3。

表 3　中越進出口商品主要類別

中國對越南進口商品	中國對越南出口商品
電話及其零組件、計算機和電子零組件、紗線、蔬果、機械設備及配件、橡膠及其製品、礦物燃料、礦物油及其製品等。	電話及其零組件、計算機電子產品及其零組件、機械設備及配件、紡織服裝和鞋製品原物料、鋼鐵製品、塑料及其製品等。

資料來源：中國駐越南大使館經濟商務處，2022。

中國防疫政策對中越經貿合作的影響和前景

肆、中越緊密的供應鏈

　　越南早期經濟政策效法中國，1986 年對外開放，1995 年加入東協、廣建工業區，開啓基礎建設以吸引外資進駐。中國社科院東南亞研究中心主任許利平（2022）表示：近幾年來，中國與越南間的貿易發展飛速，自從 2016 年以來，越南經濟依賴來自中國的原物料，2021 年中國海關數據顯示，中國對越南主要投資集中在紡織服裝、手機、電子、機械設備、計算機等。越南自中國進口占越南進口總額的 41.5%，其中包含 52% 的皮革和紡織、40% 的手機和零組件、54% 的機械設備和零組件，中國可以說是越南最大的供應國。至 2022 年越南已成爲中國在東協的第一大貿易夥伴國，而中國也是越南的最大貿易夥伴和第二大出口市場，由此可見，越南和中國在經貿上合作是非常緊密的。

　　越南原統計總局長阮碧林（2022）表示，越南經濟在很大程度上，仍然是靠加工製造業和農業，而這些原物料非常依賴中國給予供應。同時，居次的紡織和服裝業產業，雇用超過 270 萬的勞動人力，其出口額占越南 GDP 的比重更高達 16%。越南的紡織和服裝業因 70% 以裁剪加工爲主，必須從東南亞國家或中國進口大量布料，其中五成多是來自中國。除外，越南電子產品出口額不小，所以，每年進口電子零組件的數量，占越南年進口總額的六成多，而這些進口零組件都享有基本零關稅的優惠，其中七成來自東南亞地區，有超過三成則來自中國。又統計數字顯示，儘管近年來處在全球疫情不利的背景下，中越經貿合作仍然逆勢而上，2022 前 9 個月，中越雙邊貿易總額已達到 1,323 億美元，同比成長 10.2%。同時，中越爲兩國經貿投資、貨物進出口及供應鏈產業鏈的穩定等方面的合作，於 2022 年 11 月 1 日發布《關於進一步加強和深化中越全面戰略合作夥伴關係的聯合聲明》，提供了雙方未來很大的新合作空間。許利平（2022）指出，在全球經濟前景衰退下，越南 2022 年的經濟卻逆勢上漲，經濟成長（GDP）達 8%，成爲東南亞成長最快

的經濟體，這個關鍵因素就是和中國緊密的大力合作。

伍、中越電商市場

　　根據方彬楠等（2022）引述 Metric 對全球電商市場的數據研究顯示：越南電商已經維持近 30 年 16% 的成長，占全國服務零售和社會消費品總額的 7%，同比成長 27%。預計越南 2022 年 B2C 的電商收入將可穩定增加。中越《聲明》中提出強化雙方電商的合作如：(1) 落實《中國商務部與越南工貿部關於加強電子商務合作的合作備忘錄》；(2) 加強政策溝通及經驗分享，發揮電商合作工作組的功能；(3) 發展跨境電商，促進物流等領域的企業合作；(4) 加強兩國金融機構全面開展電子支付合作服務，提升中小企業利用電子商務拓展貿易投資新管道的能力；(5) 中國透過電商促進消費活動，廣拓越南優質的特色產品在中國銷售。預計至 2025 年東南亞電商市場銷售額，以印尼 1,460 億美元居首位，越南將以銷售額 570 億美元排名第二，遠超過新加坡的 390 億美元。

第三節　中越經貿合作的前景

壹、中越經貿互補與合作

　　儘管在全球疫情背景下，中越經貿仍然保持良好的態勢。為了加強中越兩國經貿投資、貨物進出口及供應產業鏈的穩定等方面，兩國於 2022 年 11 月 1 日發布《關於進一步加強和深化中越全面戰略合作夥伴關係的聯合聲明》，《聲明》中提到，越南願意創造更便利的條件，以利加強兩國經貿投資合作；而中國也鼓勵中企按照商業化、市場化的原則到越南投資，此聯合聲明的確為中越新的經貿發展提供了更大的空間，而越南面對全球經濟挑戰和風險，加強和中國合作應是最好的解決

之道。

　　同時中國首席東協商務專家許寧寧（2022）也建議加強兩國經貿投資合作項目：(1) 推進「一帶一路」和「兩廊一圈」的合作，不斷發掘兩國經貿合作潛力；(2) 確保防疫安全的前提下，共同維護兩國供應鏈穩定和貿易通暢；(3) 加強產業合作，打造優勢互補的新產業鏈，促進產業升級；(4) 企業在經貿合作中合法規經營，以自由貿易協定，攜手開發兩國區域和國際市場；(5) 兩國企業分享合作商機，共同發展企業家的價值及作為。

　　上海復旦大學張維為教授（2022）分析，認為越南與中國在鐵路的建設，如果能「軌距標準對接」，從物流的角度來說，中越進出口貨物的流通速度將可大大提升，並拉近兩國經濟合作的距離，對促進兩國經貿助益甚大。而越南若能用寬軌和中國接軌，那麼越南在鐵路的運輸能力將可以提高 5 倍，甚至可以和中國中歐班列連接在一起，擴大越南與中歐國家的貿易機會。

　　張維為教授（2022）分析認為，中國產業鏈轉移到越南一點都不值得擔憂，其原因是，中國有：(1) 最大的消費市場；(2) 世界最完整的產業鏈；(3) 很好教育的工程師隊伍和科研隊伍等等，這是其他國家沒辦法複製的。趙衛華教授（2022）分析認為，目前中國產業鏈有向越南轉移的趨勢，但是越南正在實施「數字強國」，推動國家數字化，這樣的政策對於勞動密集產業的依賴會大大的降低，按理說，這本是越南的優勢；但是越南本有年輕豐富的勞動力，隨著數字化和第四次工業革命的推進，原有的優勢可能變成劣勢。

貳、中越經貿合作的問題與注意事項

一、中越經貿合作的問題

　　胡鎮錦等（2022）提到中越兩國在經貿合作上面臨的問題：(1) 中

越在貿易往來上，兩國陸路的邊境口岸貨通運道、貨運場等設施建設差距較大，越南貨運專用車道少、貨物容量不足等問題較嚴重，兩國貨物通關確實受到影響；(2) 中越在投資合作上，中資企業在辦理投資和勞動許可證時仍面臨困難；(3) 投資項目所在地的土地和勞動力等成本上漲較快速；(4) 有些企業對當地法規和法律了解不夠，而且融入當地的意識不強；有些投資項目面臨困難，生產經營難以維持。

二、中越經貿合作的注意事項

杜氏芳（2001）研究發現，越南的外企包括「獨資」、「合營」及「合作契約」三種企業，其中「獨資」企業是一種值得採行的所有權企業投資型態。外資企業赴越南投資該注意的事項：(1) 選擇適當投資據點且與官方建立良好關係；(2) 取得企業競爭優勢並掌握市場資訊；(3) 企業相互扶持有利企業穩健；(4) 尊重法律；(5) 關心當地的文化特色和保護自然生態；(6) 凡事要有耐心。阮氏玄（2019）研究發現：「企業在進入越南設廠前必須審慎評估分析，並且充分的了解越南的投資政策及當地經濟環境變化，才能在既有的基礎上，憑著智慧、耐力，繼續掌握國際的經濟脈動，以創造永續而有利的競爭優勢。」

中國駐越南大使館經商處胡鎮錦（2022）對中資企業到越南投資提出幾項建議：(1) 尊重當地風俗習慣、充分了解且遵守越南法規和法律；(2) 融入當地社會，結合企業自身發展與當地社會經濟發展，要主動履行社會責任，並且積極展開公益和慈善活動；(3) 加入越南中國商會，並關注中國駐越南大使館和越南中國商會所發布的各類訊息。

參、越南後疫情的經濟成長

儘管在疫情的肆虐、俄烏衝突和高通膨等不利因素下，全球許多國家都在擔憂經濟景氣衰退，然而，根據越南外國投資局數據顯示，越

南的經濟卻能夠逆勢上漲，成為中國與東協國家中最大的貿易夥伴，並與菲律賓、馬來西亞，同列東協經濟發展最快速的前三個國家之一，也是中國在世界上的第 6 大夥伴；而越南則是在對中國投資的國家及地區中排名第 10 位，主要集中在製造業和服務業等領域。中國首席東協商務專家許寧寧（2022）表示，從宏觀經濟來看，越南經濟仍保持穩定發展，其國內生產總值於 2022 年成長 8%，並預估 2023 年有望成長達到 6.5%，成為東南亞經濟成長最快速的國家。而目前越南簽署了 15 項自由貿易協定，為東協國家之首，的確是為越南經濟的復蘇創造了很大的優勢與有利的條件。同時，越南央行為了因應國際上的金融變化，也宣布一些政策措施以支持經濟的發展，預估越南 2023 年的通膨率可能在 4.5% 左右。

邱立玲（2022）分析指出，2022 年越南主要受惠於強勁的出口貿易和其國內零售銷售，是製造商出走中國的最大受惠國，此趨勢帶動東南亞國家的經濟起飛，自 1997-2022 年，越南創下 25 年來經濟增長最快的一年，經濟強勢增長了 8.02%，可說是亞洲增速最快的國家。然而在疫情的影響下，目前越南也和其他國家一樣，正面臨全球經濟放緩而帶來的通膨和壓力。

肆、影響越南未來經濟成長的因素

越南統計總局局長 Nguyen Thi Huong（2023）表示，2022 年越南出口額增長 10.6%，達到 3,718.5 億美元，其中零售銷售就增長 19.8%，在全球政治與經濟的不確定性及挑戰下，越南經濟仍有相當亮眼的表現。其國內經濟成長主要是靠製造業，在這一年的產出增長 8.1%，扮演經濟增長最重要動力；而各產業的產出也強勁反彈，如服務業增長 9.99%、工業和建築業產出增長 7.78%、農業增長 3.36%，也支撐了經濟的增長。然而，楊書菲（2022）提到，幾個因素可能影響越南未來經

濟成長的表現：(1) 國際情勢的發展，關係到 GDP 是否持續成長；(2) 供應鏈的問題；(3) 匯率與金融的穩定性是否受美國升息政策的影響；(4) 調漲最低工資使得低成本勞力的優勢降低。經濟學家 Can Van Luc（2022）也提出警告，越南未來經濟可能面臨兩大不利因素和隱憂：(1) 全球需求疲軟影響出口額；(2) 升息造成房地產業債務出現違約風險。他同時也指出存在的隱憂是：(1) 貨幣供給額增加，通膨壓力必上升；(2) 進口額下降，預告工業生產未來將收縮。而越南央行貨幣政策部副總裁 Bui Thuy Hang 更明示，2023 年越南物價上漲、通膨率快速攀升，恐難以控制通貨膨脹之憂；(3) 較難吸引外資直接投資。又房地產分析師（2022）指出，越南另一個隱憂是政府「反腐運動」令投資者擔憂，及政府當局凍結房地產行業發行新債券，使得建商融資的管道枯竭。房地產業信貸緊縮，破壞經濟的擴張，未來房地產開發商恐爆發違約的高度風險。

伍、中越經貿合作的前景

中國越南商會會長茶楣博士表示：(1)2022 年 RCEP 協議正式生效，基於中越雙方的優勢和需求下，將來中越經貿關係能有很大的發展潛力；(2) 兩國地理位置上的優勢，可以為雙方經貿往來創造優良的自然條件；(3) 中越在進出口結構上具有很強的互補性和需求性，這有利於雙方利用 RCEP 等雙邊合作機制，加速雙邊貿易的發展。所以，未來中國和越南只要在高質量投資的擴大、雙方各領域合作效率的提高，以及跨境電商等新形式的合作上能夠持續發展，中越兩國經貿的榮景將可扶搖而上。

根據越南外資數據顯示，2022 年上半年外商的投資項目，其資金到位率與 2021 年上半年相較同比增加 8.9%，這顯示了儘管新冠疫情肆虐，在越南外資企業的經營和生產活動並未間斷，不但持續恢復各項生

產，而且有擴大的現象。儘管受疫情的影響，歐美消費市場減少和市場加劇了競爭，使得不少中國企業紛紛把目光轉移到越南市場，因此根據越南通訊社中國觀察員陳宏福（2022）的分析，評估越南和中國的經貿仍然存在很大發展潛力，其理由是：(1) 區位優勢有利於雙方利用路、海、空等貨運方式進行貿易；(2) 兩國商品進出口貨物結構的互補性仍然很大；(3) 雙方的合作機制和《區域全面經濟夥伴協定》（RCEP）為雙邊貿易創造更多的便利；(4) 中越《聲明》提出，盡速修訂 1992 年簽署的《中越國境鐵路協定》，兩國同意推動鐵路和陸、空的運輸合作，增強雙方貨物運輸量，因此，預期中越未來經貿關係仍具有很大的發展潛力。

綜觀越南未來經濟的發展仍然存在有利的因素，如越南有豐富的自然資源，平均薪資約為中國大陸的三分之一，人力成本較低，具人口上的紅利優勢；而越南與多國簽訂多元的貿易協定，這些貿易關稅協定的優勢，將是越南另一成長的潛力。胡均民等專家學者（2005）建議中越兩國可加強：(1) 充分發揮政府在經貿合作中的導向作用，擴大雙方貿易和投資的規模；(2) 擴大合作範圍、拓寬合作管道，提升經貿合作層；(3) 改變兩國匯率生成機制，為邊貿銀行結算業務的發展提供良好的環境；(4) 擴大中越雙邊服務貿易合作，促進旅遊和經貿合作；(5) 發揮區位優勢，完成「兩廊一圈」，推動區域產業協作，並形成適應區域經濟發展的產業布局。加上中越在國際和政治方面有許多相似之處，促使中越經貿合作之必然性更強而有力。又根據英國獨立品牌估值和戰略諮詢公司（Brand Finance）的評估，2020 年「越南國家品牌」的價值高達3,190 億美元，從 1 百個國家品牌排行榜中的第 42 位提升至第 33 位，成長率為 29%。同時，國際貨幣基金組織（IMF）也評價越南是對全球經濟成長貢獻最大的前 20 個經濟體之一，所以，當越南經濟不斷往上成長，中越經貿發展持續上升是可預期的。

參考文獻

1. 方彬楠、趙天舒，〈中越貿易「飛越」2,000億美元之後〉，北京商報。2022年11月1日，取自網址：https://baijiahao.baidu.com/s?id=17483 06320096377208&wfr=spider&for=pc。

2. 中華人民共和國駐胡志明市總領事館經濟商務處，《2022年前8個月越南前5大外來源國》。2022年9月2日，取自網址：http://hochiminh. mofcom.gov.cn/article/jmxw/202209/20220903345315.shtml。

3. 王爺說財經，〈2021年，越南吸引外資311.5億美元！新加坡、韓國、日本投資最多？〉。2021年12月28日，取自網址：https://baijiahao. baidu.com/s?id=1720395140225740511&wfr=spider&for=pc。

4. 王爺說財經，〈2022年上半年越南吸引外資超過140.3億美元！前5大投資國曝光〉。2022年6月30日，取自網址：https://3g.163.com/dy/ar-ticle/HB59977B0531EI67.html。

5. 王爺說財經，〈越南外資來源國排行榜，新加坡第1，日本第3，韓國第2，中國呢？〉。2022年9月12日，取自網址：https://3g.163.com/dy/ article/HH2VKR1V0531EI67.html。

6. 李曉林，〈許寧寧：越南、菲律賓、馬來西亞將成為2022年東盟經濟增速最快的三個國家〉，中國東盟報導。2022年12月24日，取自網址：https://baijiahao.baidu.com/s?id=1753048228001019284&wfr=spider &for=pc。

7. 杜氏芳，2001，《越南外國投資型態分析研究──以臺商味丹獨資企業集團為例》，國立成功大學企管系碩士論文。

8. 阮氏玄，2019，《臺商赴越南投資環境之個案研究》，明新科技大學管理研究所碩士論文。

9. 邱立玲，〈越南2022年經濟大增8.02% 增幅為亞洲第一強 創25年新高〉，信傳媒。2022年12月30日，取自網址：https://www.cmmedia.

com.tw/home/articles/37904?utm_source=YH。

10. 胡均民、趙修安，2005，〈試論中國與越南經貿關係的歷史沿革現狀及發展趨勢〉，學術論壇，2005（8）。取自網址：https://wendang.xuehi.cn/doc/2k3wki824j2bav29e5hu.html。

11. 胡鎖錦等，2022，《對外投資合作國別（地區）指南—緬甸（2021年版）》，中國駐越南大使館經濟商務處、商務部國際貿易經濟合作研究院、商務部對外投資和經濟合作司。

12. 夏小華，〈越南第2季GDP狂增7.72%創11年新高 成為製造業出走中國的最大受惠者？〉，阿波羅新聞網。2022年7月1日，取自網址：https://tw.aboluowang.com/2022/0701/1769927.html。

13. 張維為，〈中越關係的新發展〉，《這就是中國》，170。2022年12月25日，取自網址：https://www.guancha.cn/politics/2022_12_25_672728.shtml。

14. 華經情報網，〈2015-2021年中國與越南雙邊貿易額與貿易差額統計〉。2022年2月16日，取自網址：https://www.huaon.com/channel/tradedata/784155.html。

15. 搜狐網東盟商機，〈中國—越南合作近況 投資—發展—經濟〉。2022年10月29日，取自網址：https://www.sohu.com/a/600722743_121124735。

16. 福建楓語廣告，〈越南吸引外資，創五年來的新高，越南為什麼受到全球資本的青睞？〉。2022年9月7日，取自網址：https://baijiahao.baidu.com/s?id=1743273307778847234&wfr=spider&for=p。

17. 網易：貿易與產業，〈中越貿易分析報告〉。2022年9月27日，取自網址：https://www.163.com/dy/article/HIADT8FJ0553WWRE.html。

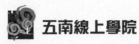
五南線上學院

小資族、上班族、學生
所需相關課程

講師：李淑茹 ｜ 課號：V1O0100
課名：出口貿易操作秘笈

講師：蔡沛君 ｜ 課號：V1F0300
課名：粉絲團臉書內容行銷有撇步

講師：陳寬裕 ｜ 課號：V1H0200
課名：SPSS大數據統計分析

講師：陳寬裕 ｜ 課號：V1H0400
課名：16小時學會結構方程模型：
　　　SmartPLS初階應用

講師：陳寬裕 ｜ 課號：V1H0100
課名：30小時搞懂Amos結構方程模型

講師：楊朝仲、李政熹、管新芝、吳秋萱
課號：V1H0300
課名：2小時輕鬆搞定新課綱系統思考
　　　素養教與學

魅力表達x打動人心x激發行動

講師：廖孟彥/睿華國際

課號：V1F0100

課名：打動人心的高效簡報術

高效能力時代必備的職場力

講師：陳英昭/睿華國際

課號：V1F0200

課名：10倍效率的工作計劃與精準執行力：
高效能力時代必先具備的職場力

講師：林木森/睿華國際

課號：V1F0500

課名：目視化應用在生產管理

講師：張倩怡/睿華國際

課號：V1F0300

課名：超高效問題分析解決
（基礎課程）

講師：張倩怡/睿華國際

課號：V1F0600

課名：高績效時間管理

講師：游國治/睿華國際

課號：V1F0700

課名：1小時學會有效庫存管理：如何達到
庫存低減-成台份推動典範實務

投稿請洽：侯家嵐 主編 #836

商管財經類教科書/各類大眾書/童書/考試書/科普書/工具書

E-mail：chiefed3a@ewunan.com.tw、chiefed3a@gmail.com

五南圖書出版股份有限公司 / 書泉出版社

地址：106台北市和平東路二段339號4樓

電話：886-2-2705-5066

五南出版事業股份有限公司
購書請洽：業務助理林小姐 #824 #889

Facebook：
五南財經異想世界

五南線上學院
課程詢問：邱小姐 #869

國家圖書館出版品預行編目資料

邁向亞洲之虎——越南／許文志, 林信州, 李
建宏, 許純碩, 許淑婷, 張李曉娟, 許淑敏
著. ──初版.──臺北市：五南圖書出版
股份有限公司, 2023.06
面；　公分
ISBN 978-626-366-202-5（平裝）

1.CST: 政治經濟分析　2.CST: 國家經濟發展
3.CST: 區域研究　4.CST: 越南

552.383　　　　　　　　　112009117

1MAQ

邁向亞洲之虎──越南

作　　　者 ─ 許文志、林信州、李建宏、許純碩、

　　　　　　　許淑婷、張李曉娟、許淑敏

發 行 人 ─ 楊榮川

總 經 理 ─ 楊士清

總 編 輯 ─ 楊秀麗

主　　　編 ─ 侯家嵐

責任編輯 ─ 吳瑀芳

特約編輯 ─ 張碧娟

封面設計 ─ 陳亭瑋

出 版 者 ─ 五南圖書出版股份有限公司

地　　　址：106臺北市大安區和平東路二段339號4樓

電　　　話：(02)2705-5066　　傳　　　真：(02)2706-6100

網　　　址：https://www.wunan.com.tw

電子郵件：wunan@wunan.com.tw

劃撥帳號：01068953

戶　　　名：五南圖書出版股份有限公司

法律顧問：林勝安律師

出版日期：2023年6月初版一刷

定　　　價：新臺幣320元

經典永恆・名著常在

五十週年的獻禮——經典名著文庫

五南，五十年了，半個世紀，人生旅程的一大半，走過來了。

思索著，邁向百年的未來歷程，能為知識界、文化學術界作些什麼？

在速食文化的生態下，有什麼值得讓人雋永品味的？

歷代經典・當今名著，經過時間的洗禮，千錘百鍊，流傳至今，光芒耀人；

不僅使我們能領悟前人的智慧，同時也增深加廣我們思考的深度與視野。

我們決心投入巨資，有計畫的系統梳選，成立「經典名著文庫」，

希望收入古今中外思想性的、充滿睿智與獨見的經典、名著。

這是一項理想性的、永續性的巨大出版工程。

不在意讀者的眾寡，只考慮它的學術價值，力求完整展現先哲思想的軌跡；

為知識界開啟一片智慧之窗，營造一座百花綻放的世界文明公園，

任君遨遊、取菁吸蜜、嘉惠學子！